哲學

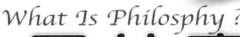
What Is Philosphy ?

是什麼

胡 軍◎著

目　錄

哲學爲何物？（上）

　　人只不過是一根葦草，是自然界最脆弱的東西；但他是一根能思想的葦草。用不著整個宇宙都拿起武器才能毀滅他；一口氣、一滴水就足以致他死命了。然而，縱使宇宙毀滅了他，人卻依然要比置他於死命的東西更高貴得多；因爲他知道自己要死亡，以及宇宙對他所具有的優勢，而宇宙對此卻是一無所知。因而我們全部的尊嚴就在於思想。正是由於它而不是由於我們所無法填充的空間和時間，我們才必須提高自己。因此，我們要努力好好地思想；這就是道德原則。

──巴斯噶

　　巴斯噶（Blaise Pascal, 1623-1662），法國數學家、物理學家、篤信宗教的哲學家和散文大師。他建立的直覺主義原理對於後來一些哲學家如盧梭和柏格森和存在主義者都有影響。

　　「哲學是什麼？」這是一個十分複雜和廣闊的問題。不同的哲學家對之有不同的看法。更有甚者，有些看法似乎是截然相反、互相衝突的。因此企圖給「哲學是什麼」這樣的宏闊問題一個眾人所公認的確切答案或明確定義是很不明智的，也是很危險的，因為這樣的做法幾乎是不可能的。我們的討論不採取這種方法。但本書的主旨就是要回答「哲學是什麼」這樣一個仁者見仁智者見智的問題，所以我們不但不能迴避這一問題，而且有義務向讀者說明「哲學」究竟是什麼樣的東西。如果我們沒有能力給「哲學是什麼」下一個明確的和公認的定義或給一個確切答案，那麼我們是否有可能給讀者諸君指出一條能夠說明哲學是什麼的途徑，從而能夠比較輕鬆地知道哲學到底是一個什麼樣的東西呢？這樣的目標看起來似乎並不宏闊偉大，然而要真正實行起來也是旅途艱險，舉步維艱，困難重重。但既然作者選擇了這一難題，所以也不得不硬著頭皮來啃這塊硬骨頭，試圖尋找出能夠用來說明「哲學是什麼」的一條道路。其實，按其本質說來，哲學就是一條道路。我們都曾在上面行走，只不過我們不曾注意，不了解她究竟是什麼。輪到要來問她究竟是什麼，我們就感到莫大的困惑。然而希望總是會有的。因為如果一個問題很明確，且具有很明確的形式，那麼尋找解決這一問題的好的方法或形式的可能也毫無疑問會是比較明確的。可以說，「哲學是什麼」就是一個很明確的問題，具有一個明確問題形式。她的答案可能就藏在這一問題的形式裡。

1.1 「哲學是什麼」的問題形式分析

　　這樣的分析引導我們首先來了解「哲學是什麼？」或「這是什麼？」的問題形式。本書認為，「這是什麼？」、「那是什麼？」的問題形式本身首先就是哲學的，其次才是科學的。從對這樣的問題形式的分析中，我們可以發現哲學與其他學科之間的聯繫，也同樣可以發現哲學問題形式的特異之處。提出問題必須要有問題意識，要有驚訝或詫異的心態。問題的提出蘊涵著問題發問者的存在。「哲學是什麼」的發問者只能是人，因為只有人才有思想。思想是人的本質屬性。思想的一個重要特徵是可以對思想進行思想。思想追求主體意識的突現、思想自身的自由和理想人格的挺立。對思想的反思就是在進行哲學的思考。哲學的主題是人。哲學思考源於人們想過美好生活的強烈願望。哲學就是指導人們生活的藝術或智慧。要有美好的生活就必須尋找一個觀照生活的超越的和無限的視點，這一視點就是哲學的智慧。下面我們就從上述的這幾個方面來討論「哲學是什麼」這一問題。

　　如果把哲學看作一門學科，那麼她顯然是與經濟學、歷史學、倫理學、美學、宗教學、人類學、社會學、法學、教育學、政治學、心理學和文學等人文社會學科有區別的。哲學與自然科學各學科的區別則更為顯著。她們各有自己研究的對象、自己研究的問題和自己研究的方法，即她們都有自己的研究領域。由於各學科之間有著鮮明的劃界，因此在稍有文化修養的群體中，隨意混淆她們之間區別的錯誤似乎並不容易出

現。

　　當然，我們也應該清楚地看到，哲學與上述的人文社會學科及自然科學各學科之間又有著不容忽視的密切聯繫。這種聯繫就連文學家都看得很清楚。比如俄國作家契訶夫在其小說《賭彩》中就論述過哲學與其他學科之間的緊密的聯繫：有一個很富有的年老的銀行經理曾與一位年輕的律師辯論。辯論的主題是無期徒刑人道些還是死刑來得更人道些。經理指出，死刑似乎顯得更為人道，因為犯人不會因長期的囚禁而遭受沒完沒了的痛苦。而律師卻認為，無期徒刑更人道些，因為生總比死好，活著就是幸福。兩人各執己見，爭執不下，於是雙方都同意運用打賭的方法來定輸贏，以十五年為限。如果十五年過後，律師可以健康的活下來，那麼他就算贏家，經理的財產屆時便悉數歸於律師；如果律師不能健康的活下來，那麼經理就是贏家。根據協定，年輕的律師被禁閉在一間全封閉的小屋內，沒有任何自由，但可以演奏樂器，可以閱讀書籍。

　　第一年，律師在很煩躁的心情中以演奏樂器打發時日。但仍然感到很是無聊，生活空虛，精神貧乏。沒有自由的日子實在不容易打發。於是他選擇了書籍作為自己的精神伴侶。開始無書不讀，閱讀範圍很雜，上自天文，下至地理。閱讀範圍涵蓋了幾乎所有的人文社會科學和自然科學的種種領域。閱讀給他帶來了無窮的樂趣，雖然身陷囹圄，心靈依然可以感受到無限的愜意和自由。他意識到，真正的自由不是外在的，而是內在的。人的軀體可以被外在的力量囚禁在有限的空間之內，但這卻不妨礙人們依然享受精神的自由、思想的自由。隨著時間的慢慢流失，他的閱讀範圍在發生著巨大的質的變化，即他在最後的幾年中所閱讀的全是關於哲學和神學的書籍。至此，他

已經充分地認識到，哲學和神學是可以把幾乎所有的學科聯繫起來的學問。只有在關於哲學和神學書籍的閱讀和理解中，人才有可能達到最崇高的思想或精神境界，達到一種最為自由的境地。於是他的由於缺乏運動和營養的衰弱、瘦削、白皙的臉上逐漸地露出了安詳、平和、悠然的神色，大有釋迦牟尼當年在菩提樹下悟道成佛的神采。他意識到，他打賭贏後應該得到的經理那份財產對於他已經沒有任何意義，而且他也意識到為了防止經理因財產的喪失而失去理智後做出越軌的行為，拯救經理的靈魂使他免於犯罪，對於他本人而言也是義不容辭的神聖職責。於是，趁經理不注意的時候，他從窗口爬了出去，體面地結束了這場打賭。

契訶夫對哲學、神學與其他學科的關係的看法是透過文學的形式，而不是透過充分說理的方式表達出來的。但我們不得不承認，這一看法是有其道理的。

但是，隨著知識分工的越來越細、學科的劃分越來越瑣碎、人們越來越注重實用理性和強調效率優先的今天，要來發現哲學與上述種種學科之間的聯繫並不是一件很容易的事情。你說，哲學與其他學科有著不可分割的聯繫，別人嘴上不說，但其心裡卻在犯著嘀咕，並不心服。他們會認為你這樣的看法十分牽強附會，只不過在想方設法地抬高哲學的地位。哲學有什麼用呢？它不會幫我們有效地找到一份好的工作，更不會給人們帶來實際的效益。所以哲學是無用之學，它不會給我們「烤麵包」吃，所以遠不如科學那麼實用，能給人類以巨大的益處。在今天，科學在社會中已占據核心的地位，你難道沒有聽說過「科學技術是第一生產力」嗎？哲學可算是生產力嗎？它能算是第一生產力嗎？不重視哲學並不影響我們的生活。但不

重視科學的地位，那麼你在這個世界中根本就不可能有立足之地。因此哲學和其他實用學科不可同日而語，它們之間又可能有什麼緊密的聯繫呢？

其實，要說明哲學與其他學科的緊密聯繫的一個極其簡單有效的方式就存在於我們這套「人文社會科學」叢書之中。現在我們要問的是「哲學是什麼」、「經濟學是什麼」、「人類學是什麼」、「宗教學是什麼」等等這樣的問題。這種問句形式中的主語顯然是不同的。這一不同反映著學科之間的質的差異。在此情形之下，我們絕對不可能用經濟學科領域中的內容來回答「人類學是什麼」或「宗教學是什麼」等等問題。反之亦然。

但是這些學科是什麼的問句，我們可以概括為如下的形式：即「這是什麼」或「那是什麼」的問句形式。在這樣的形式中，我們就可以比較容易地發現哲學與其他學科之間的聯繫了。這就是說，「人文社會科學是什麼」可以完全用一種相同的問句形式表達出來。其實，不但人文社會科學如此，自然科學各學科也同樣是以這一問句形式來詢問，如「自然科學是什麼」。我們現在的任務就是要來分析這種問句形式的哲學涵義。

我們現在先說些透支的話，即這種問句形式是哲學意義上的。這就是說當我們問「這是什麼？」或「那是什麼？」這樣的問題而不管這些問題所涉及的具體內容時，這樣的問題及其形式是哲學的。為什麼呢？

因為這樣的問題及其形式讓我們很自然地想起了古希臘的第一位真正意義上的哲學家蘇格拉底經常問別人的問題：「這是什麼？──這是美」、「這是什麼？──這是善」、「這是什麼？──這是知識」、「這是什麼？──這是勇敢」、「這是什

蘇格拉底

麼？——這是正義」等等。蘇格拉底的哲學方法就是我們耳熟能詳的「精神助產術」。

他在與人談話的時候，慣於採用問答方法，雙方一問一答，透過詰難，使對方陷於矛盾之中，逼迫其承認無知，然後逐漸地修正看法，最終導致眞理。比如在《美諾篇》中，他問美諾，什麼是美德？後者答道，男人的美德是什麼，女人的美德又是什麼，以至於兒童、青年和老人的美德是什麼，如此等等。在聽了美諾的回答後，蘇格拉底說道，你所說的美德固然是美德，但那並不是我所要的美德，因爲我所要求的美德是涵蓋一切的帶有普遍性的美德，即它能適用於一切人，而不僅僅是某一個具體人的美德。美諾回答道，這種美德就是支配別人，命令別人。蘇格拉底不同意這種看法，反駁說，兒童和奴隸能夠命令和支配別人嗎？這就逼迫美諾不得不承認他自己關於美德所下的定義與具體的事例有矛盾。之後，蘇格拉底又引導美諾找出許多具體的美德，如正義、勇敢、節制、智慧等等，並令其從中找到貫穿於這一切美德之中的一般的共同的美德。

蘇格拉底所運用的「精神助產術」又可被稱做歸納法，透過此種歸納法，我們可以尋求或得到概念的定義。亞里斯多德曾經指出：「有兩樣東西完全可以歸功於蘇格拉底，這就是歸納論證和一般定義。這兩樣東西都是科學的出發點。」什麼是定義的方法呢？比如我問你這樣的一個問題：「人是什麼？」你根據自己已有的知識，答道：「人是能夠製造和利用工具的動物。」或者：「人是能夠思想的動物。」我們且不管這樣回答的具體內容正確與否。這樣的回答問題的方法就是在利用定

義方法。透過這樣的定義方法，我們能夠揭示出被定義對象的本質或本質屬性。

蘇格拉底的學生柏拉圖及以後的亞里斯多德發展了蘇格拉底的這種發問方式。於是，我們可以學著蘇格拉底的方法，這樣來問道：「這是什麼？」答道：「這是一棵樹。」顯然這樣的答案肯定不會令老蘇格拉底滿意。但沒有關係。我們可以學著他的方法，進一步地問道：「樹是什麼？」這就是在逼迫我們尋找一個能夠普遍地適用於每一棵樹的本質性的東西。我們找到這一具有普遍性的東西，蘇格拉底當然會滿意的。如果沒有找到，也沒有關係，因為我們可以接著找。在蘇格拉底看來，尋找真理不是一件急於求成的事情。不管我們現在找著還是找不著，這一發問的方式就是哲學的。也正是在這一意義上，海德格指出，「隨著現在所提的問題。我們已經接近於希臘的『這是什麼』了。這是由蘇格拉底、柏拉圖、亞里斯多德所發展出來的問題形式。例如他們問：這是什麼——美？這是什麼——知識？這是什麼——自然？這是什麼——運動？」按照海德格的理解，這樣的發問方式就是希臘的，也就是哲學的。所以每當我們問「這是什麼？」的時候，不管可能得到的具體內容是什麼，我們可以說，這一發問形式是哲學的或希臘的。

是不是只有希臘人才這樣發問呢？

事實並不如此。孔子哲學思想的核心是「仁」。於是，我們也就相應地有了這樣的問題：「仁是什麼？」我們知道，孔子並不直接地回答這一問題。而是針對著不同學生的特點，給出不同的回答。如他答顏淵問仁，孔子道：「克己復禮為仁。一日克己復禮，天下歸仁焉。為仁由己，而由乎人哉？」什麼是仁呢？孔子認為，克制自己的種種欲望，使自己的言行都能符

合周禮的要求，就是仁。古漢語表達方面的特點決定了中國古代的哲學家很少直接用「這是什麼？」或「那是什麼？」這樣的發問方式。但中國古代哲學家提問或回答問題的方式間接採用類似於蘇格拉底等人的方式。如果中國古代哲學家在表達自己的哲學思想時缺乏「一以貫之」的明確性，那麼思想的交流根本是不可能的。總之，這樣的發問肯定是哲學的，這應該是沒有錯的。

也正是在同樣的意義上，海德格又進一步指出：「哲學這個詞告訴我們，哲學是某種決定著希臘人的生存的東西。不止於此──哲學也決定著我們西方──歐洲歷史的最內在的基本特徵。」可以說，哲學是希臘人生存的最基本、最原始的方式，當然也是歐洲人生存的最基本方式。不理解這一點，我們不可能真正懂得希臘的文化，也不可能真正地懂得西歐的文化。於是，海德格接著說，「西歐哲學」這一說法是同義反覆。因為在他看來，說西歐或希臘便意味著哲學，說哲學也就意味著西歐或希臘。正因為如此，我們大可不必疊床架屋，說什麼「西歐哲學」。

海德格

如果說「這是什麼？」或「那是什麼？」這一類的發問形式是哲學的，那麼我們就能清楚地看出哲學與其他人文社會科學學科及自然科學的種種學科之間的緊密聯繫。我們問「這是什麼？」或「那是什麼？」這一類的問題，並且能給

這些問題以明確的答案，那麼某一學科的對象就明確，它的研究領域隨之也就劃定。結果就是，這一學科也就逐漸地脫離了哲學，獲得了獨立性。這樣一些能夠獲得明確答案的學科被人們稱之為科學。早在亞里斯多德的時代，哲學包括物理學、邏輯學和倫理學，可以說在當時哲學幾乎涵蓋了知識的所有領域。但在往後的發展中，獲得了確切答案的學科紛紛地獨立於哲學。科學在歷史中得到長足的發展，哲學的地盤卻在不斷縮小。恰如莎士比亞的名劇《李爾王》中的國王李爾王把自己所有的財產和權力都分給了自己的兩個不孝順的女兒，到頭來卻窮得一無所有。不但窮，而且接連不斷地遭受女兒、下人和僕從的奚落和冷眼。生活在貧窮、孤苦、絕望和憤怒之中的老年李爾王剩下的唯一可做的事就是在曠野裡發洩心頭的怒火。他絕望地喊道：

> 吹吧，風啊！脹破了你的臉頰，猛烈地吹吧！
>
> 你，瀑布一樣的傾盆大雨，儘管倒瀉下來，浸沒了我們的尖塔，淹沒了屋頂上的風標吧！
>
> 你，思想一樣迅速的硫磺的電火，劈碎橡樹的巨雷的先驅，燒焦了我的白髮的頭顱吧！
>
> 你，震撼一切的霹靂啊，把這生殖繁密的、飽滿地球擊平了吧！打碎造物的模型，不要讓一顆忘恩負義的人類種子遺留在世上。
>
> 儘管轟著吧！儘管吐你的火舌！儘管噴你的雨水吧！雨、風、雷、電，都不是我的女兒，我不責怪你們的無情；
>
> 我不曾給你們國土，不曾稱你們為我的孩子，你們沒

有順從我的義務；

　　所以，隨你們的高興，降下你們可怕的威力來吧！

　　我站在這兒，只是你們的奴隸，一個可憐的、衰弱的、無力的、遭人賤視的老頭子。

　　李爾王晚年的悲慘處境確實有點類似於哲學在當今時代的境遇。當然，哲學並沒有老年李爾王那樣的可憐、衰弱、無力、遭人賤視。但哲學時時處處爲科學所排擠，人們紛紛用科學的方法來理解和研究哲學，運用科學的標準來評價哲學。科學迅猛發展的同時，哲學卻一再萎縮，拱手讓出以前本當屬於哲學的地盤。在技術教育成爲學校教育的核心、工具理性和效率優先被人們視爲評判思想、言行的標準的今天，哲學不爲人們重視，遭冷落，不爲人所理解，並不是咄咄怪事。更有甚者，絕大多數的人不知哲學爲何物。根據海德格的理解，哲學孕育了其他種種的學科，是人類文明存在的最基本的方式。我們津津有味地享受著哲學給人類所帶來的種種果實，卻不知道哲學爲何物。哲學在今天衰落式微到如此這般的地步，確實會令我們的先哲發出晚年李爾王般的憤怒而絕望的呼喊，「我生育了你們，如今你們卻背叛了我，現在我是你們的奴隸，一個可憐、衰弱的、無力的、遭人賤視的老頭子。」

　　科學，不管是人文社會科學還是自然科學，它們的主要特徵就是回答「這是什麼？」或「那是什麼？」這樣的問題。它們就是由這樣的問題及對這些問題的不同答案所構成的。而這樣的發問形式又恰恰是哲學的。所以我們可以確定無疑地說，正是哲學的發問形式促成了科學的誕生。科學在西歐文化中誕生的歷程說明了這一點。要不是哲學先行於各種不同的科學，

那麼科學也就根本不可能產生。如亞里斯多德本人是一位哲學家，同時也是一個科學家。他的研究覆蓋了幾乎當時可能知道的所有知識領域。他撰寫的著作據說多達千卷，其中有《詩學》、《修辭學》、《倫理學》、《政治學》、《物理學》、《氣象學》、《論靈魂》、《形而上學》及經濟學方面的著作等。但亞里斯多德首先是一個哲學家，其次才是一個科學家。作為一個哲學家，他懷有強烈的探索精神和好奇的特性，他想知道在有關宇宙、社會和人生種種紛紜繁雜的現象背後的最為深層的一切奧秘。哲學家的發問方式使亞里斯多德成為了一個百科全書式的學者。哲學家而同時兼是物理學家、數學家、生物學家或其他學科專家的學者在歷史上並不少見，如萊布尼茨、笛卡兒、馬赫、羅素、懷海德、石里克等。

1.2 哲學源於驚訝

要能提出問題就必須要有強烈的問題意識。你是不是經常地提問題、思考問題？如果你能經常地提出些問題、思考問題，那麼你離哲學也就不很遙遠了。我們年輕的時候都聽過這樣的故事，說牛頓小時候曾在花園裡玩耍，突然看到一個蘋果從樹上掉下來落到了地上。這一現象引起了牛頓的注意，他反覆地思索，為什麼蘋果會從樹上掉到地上？其真正的原因是什麼？他後來有關萬有引力定律的思想似乎與他早年的這一經歷有關。

不管講這一故事的人的用意如何，我們很難在蘋果從樹上掉到地上這一事實和萬有引力定律之間架起一座具有必然性的

橋樑。但這一故事有一點對我們而言是大有教益的。這就是，我們必須保有一份驚異、好奇、探索、敏感的鮮活心態，只有在這樣的心態中，我們才能有強烈的問題意識，我們也才能提出問題。有了問題，才能對之加以思索、研究。

　　我們在自己的生活中也曾無數次地看到有什麼東西從高處掉到地上。但我們對此並不感到驚異、好奇，因為這是在生活中經常會發生的事情。對此，我們也就不感到有什麼可以使人驚奇的。這就叫做「習焉不察」。

　　驚訝、詫異對於哲學思考是非常重要的。柏拉圖曾在《泰阿泰德篇》中如是說：「驚訝，這尤其是哲學家的一種情緒。除此之外，哲學沒有別的開端」，「這地地道道是哲學家的情緒，即驚訝，因為除此之外哲學沒有別的決定性的起點」。可見，哲學起源於驚異這樣的一種情緒。如果你對周遭的一切，視若無睹，毫無興趣，不但你本人不會對事物抱有什麼驚異的情緒，就連對於其他人的驚異也會投以莫名驚詫的眼光：為什麼這個人竟然對於這樣毫無趣味的東西發生如此之大的興趣，莫非他有什麼病不成？這樣的反應還是無可深責的，因為他自己雖然沒有驚異，但對於他人的驚異畢竟還表現出了自己的驚異。他的過錯只是驚異的對象的轉移，把對象搞錯了。更有甚者，有的人對於他人的驚詫也不屑一顧。他們對於一切都是麻木不仁，不知痛癢。可以說，這樣的人根本就沒有哲學的根柢。他也就與哲學無緣。如果你對哲學感到興趣，那麼你就必須對一切重大的事情保有驚訝好奇的狀態。這樣的狀態或情緒會將你引進哲學的神聖殿堂。

　　當然，哲學家也不就是整天除處在驚異狀態中出神之外無所事事的人。驚異並不等於哲學，驚異只不過是哲學活動的引

線或動因。我們之所以對某物感到驚異，是我們不理解此物的
性質及其價值，感覺莫名奇妙。正是這種驚異推動我們去探
討、研究我們在日常生活中隨處可見的萬事萬物，使我們從無
知過渡到有知。於是，亞里斯多德這樣說道：「古今來人們開
始哲理探索，都應起於對自然萬物的驚異；他們先是驚異於種
種迷惑的現象，逐漸積累一點一滴的解釋，對一些較重大的問
題，例如日月與星的運行以及宇宙之創生，做出說明。一個有
所迷惑與驚異的人，每每慚愧自己的愚蠢無知（因此神話所編
錄的全是怪異，凡愛好神話的人也是愛好智慧的人）；他們探
索哲理的目的是為了想脫出愚蠢。顯然他們為求知而從事學
術，並無任何實用的目的。這個可由事實為之證明：這類學術
研究的開始，都在人生的必需品以及使人快樂安適的種種事物
幾乎全都獲得了以後。這樣，顯然，我們不為任何其他利益而
尋找智慧：只因人本自由，為自己的生存而生存，不為別人的
生存而生存，所以我們認取哲學為唯一的自由學術而深加探
索，這正是為學術自身而成立的唯一學術。」哲學的起源不是
為了某種實用的目的，而只是起源於人對種種事物的迷惑和驚
異。有迷惑和驚異，表明我們對於事物並不理解，於是我們就
應該去探索自然、社會和人生的奧秘。可見，亞里斯多德也如
其師柏拉圖，認為古往今來的人們都是透過驚訝而開始其哲學
活動的，所以驚訝是哲學活動決定性的開端。由於受到驚訝的
驅動，人們開始思考，開始了哲學的活動。

是的，只要你能夠保有一顆鮮活敏感的心靈，那麼這個世
界就到處充滿著使你感到驚訝莫名的東西。人們都願意趁良辰
佳日外出郊遊，同時如果你又有一副好的心情，你會感覺到這
個世界是無限美妙的。宇宙間，花開花落，春生夏長，秋收冬

藏，充滿奧秘。不信？那麼請你先看看紫羅蘭吧！紫羅蘭種子的莢有著十分精微的構造，當它乾燥到一定的時候，種子莢突然裂開，成熟的種子便會向四處散開，隨風飄向遠處。而且紫羅蘭永遠不在燦爛的陽光下打開它的花瓣。你對此感到奇妙嗎？如果感覺驚訝的話，你就自然而然地會追問下去，為什麼呢？因為為了防止昆蟲從其他花朵的花蕊中帶來花粉造成異花受胎。於是，紫羅蘭始終保持關閉自行受胎，在地裡產生種子。我們都知道紫羅蘭這一類的植物是沒有意識的，但為什麼在它們的成長過程中卻充滿著某種合目的性或十分巧妙的設計？是自然的規律使它們如此？抑或是造物的精心安排？如果是自然規律，那麼自然規律本身又是怎麼形成的？如果是造物主，那麼問題就更為複雜。什麼是造物主？如果把造物主理解為是有人格的神，有神論者認為有造物主，而無神論者則指出，世界上根本就沒有什麼神。如此等等，以至無窮。可見，只要你不斷地追問下去，問題就會層出不窮，永無終止。

　　有人喜歡熱鬧，有人偏喜歡閒靜。有人喜歡群處，而有人卻嚮往獨居。如果你獨居室內一隅，覽書品茗，或者徘徊思索人生的意義究竟何在，那麼問題似乎更複雜、更有挑戰性。人生意義的載體當然是人了。似乎「我是人」是一個不用思索、用不著討論的事實。這樣的想法就是習焉不察、熟視無睹的自然結果。因為這一命題遠不是看上去那麼簡單。我是什麼？「我是什麼？」中的「我」又是什麼？是精神的、思維的或思想的我，抑或僅僅是生理學意義上有著一副皮囊的我？我是人，那麼我從哪裡來，又要往哪裡去？我是人，那麼人又是什麼？我們經常覺得人了不起，但「我」僅僅是廣闊無垠的銀河中一顆微不足道的星體上的一點微塵。銀河中有無數的星系，從一

個星系到另一個星系，如果以光的速度行走的話，那麼需要二十萬年。我們要知道光速是每秒三十萬公里。人的奔跑速度的極限是每秒十公尺。地球的存在已有幾百萬年的歷史，至於宇宙存在的時間則是無限的，而個人生存的可能的極限只不過是一百年。可見，人在歷史的長河中也不過是曇花一現，轉瞬即逝。由此可以想見，在浩瀚無垠的銀河中，無論在空間和時間方面，「我」是多麼的渺小，微不足道。如果真的是這樣的話，那麼人生的意義又何在呢？如果「我」僅僅是指有著六尺皮囊的軀體，那麼人生確實是毫無意義和價值的。

好在「我」或人不僅僅是生理意義上的，也是思想、精神維度上的存在。如果從這一維度著眼，「我」或人生又具有什麼樣的意義呢？法國科學家和思想家巴斯噶說得好：是思想，而並不是肉體形成人的偉大，「我應該追求自己的尊嚴，絕不是求之於空間，而是求之於自己思想的規定。我占有多少土地都不會有用；由於空間，宇宙便囊括了我並吞沒了我，有如一個質點；由於思想，我卻囊括了宇宙。」與無限的宇宙相比，人的軀體微不足道、異常的渺小。但是由於人有思想，思想是沒有界限的，物理的宇宙儘管廣闊無垠，但似乎並不是無限的，而人的思想的空間時間卻真正是無限的。因此人作為一個生物體為宇宙所包圍，但人作為思想的存在卻包圍著宇宙，超越了宇宙。人比宇宙更為偉大、崇高。我們有充分的理由感覺自己的偉大和了不起。

如果你對某種新鮮的事物表現出了驚訝這種情緒，那就表明你還具有一顆很年輕的心靈。

驚訝的情緒在人的不同的年齡段有著不同的表現。剛剛出生的孩子對這個充滿著神秘的世界一無所知，所以他們對任何

事情都會毫無例外地自然地流露出好奇、莫名驚詫的神態。凡事他都要問一個為什麼。隨著年齡的增長，這種驚訝、好奇的情緒逐漸地減弱，以至於到了老年，人就會對什麼事物都漠不關心，好像對什麼都「不動心」。對於個人來說，這種「不動心」狀態的出現標誌著人的走向衰老；而對於人類來講，這種「不動心」狀態的出現就意味著人類的消沈和沒落。

但在哲學領域中，驚訝卻採取了另一種截然不同的形式。一旦哲學發展起來後，作為推動力的驚訝會不會成為多餘的，因而就會消失呢？不會的。哲學固然起源於驚訝，而哲學活動本身也是保有驚訝的最好的活動和場所。但在哲學的思考中，驚訝作為一種人的內在的情緒，始終處在一種啟動的狀態之中。哲學活動的每一個步驟或階段都充滿著種種的問題或迷惑，因此要求哲學家在思想的每一個階段都保有驚訝的情緒。沒有驚訝的心理狀態，你就發現不了新的東西，你也就將永遠生活在一個沒有變化、沒有發展、毫無新意的世界之中。這正是在陽光底下沒有什麼新鮮的事物。

可見，驚訝是哲學活動的開端和動力，也是哲學進一步發展的動力。

我們應該讓驚訝這種情緒啟動我們的生活、我們的思想，從而啟動人類的歷史。我們時下談的較多的一個話題就是創新的問題。其實，在我們看來，人的驚訝的情緒便是創新意識的溫床。試想一下，如果沒有了驚訝這樣的情緒，對於一切熟視無睹，習焉不察，嚴格按照一切既定的現成模式生活、繁衍，我們還可能具有什麼創新精神呢？果真如此，也就沒有什麼歷史的發展和思想的進步，因為所有的一切都是簡單的重複。幸虧，人類始終沒有喪失自己的驚訝或好奇的探索的本性。驚訝

或驚異或好奇的情緒能夠啟動或刺激我們的創新意識。

人們驚訝於大自然的奧秘、驚訝於自身的奧秘，於是立志要探索隱蔽蘊涵在自然和人思想深處的秘密。

當然，這種探索活動絕對不可能是一蹴而就的，它本身是一個漫長持久的過程。要使這一漫長的探索過程富有成效，我們就必須始終保有驚訝的情緒和堅韌的意志。

讀者可能都讀過王安石的膾炙人口的著名遊記〈遊褒禪山記〉。此文記敘的就是人們探索自然奧秘的奇偉經歷和心得體會。它告訴我們，只有那些懷有強烈的好奇心、意志堅定、不避旅途艱難困苦並且有足夠體力的遊人才能登高望遠、攬勝窺幽，充分領略自然的奧秘。正所謂「入之越深，其進越難，而其見越奇」。然常人不容易窺見自然的真正奧秘，是因為他們沒有堅強的意志，更為重要的是他們沒有探奇窺幽的激情和勇氣，淺嘗輒止。於是王安石感歎道：「古人之觀於天地山川、草木蟲魚鳥獸，往往有得，以其求思之深而不在也。夫夷以近，則遊者眾；險以遠，則至者少。而世之奇偉瑰怪非常之觀，常在於險遠，而人之所罕至焉。故非有志者不能至也。有志矣，不隨以止也，然力不足者，亦不能至也。有志與力，而又不隨以怠，至於幽暗昏惑，而無物以相之，亦不能至也。」其實，對於大自然的奧秘始終抱有驚訝的情緒，從其本質講，就是追求真理的勇氣。而探索自然奧秘的過程同時也是探索人自己的思想的過程，因為探索的主體是人。

人相信自己有力量揭示自然最深處的奧秘，就是人對自己的精神力量的一種信仰。因此追求真理的勇氣和對於精神力量的信仰是研究哲學的第一個條件。人既然是精神的，則他必須而且應該自視為配得上最高尚的東西，切不可低估或小視他本

身精神的偉大和力量。人有了這樣的信心，就沒有什麼東西會堅硬頑固到不對他展開。那最初隱蔽蘊涵著的宇宙本質，並沒有力量可以抵抗求知的勇氣，它必然會向勇毅的求知者揭開它的秘密，而將它的財富和寶藏公開給他，讓他享受。（黑格爾語）

1.3 哲學是人的存在的基本方式

有「這是什麼？」或「那是什麼？」這樣的問題，也就必然有發問者。這樣的問題設定了發問者必定存在。因為發問者不存在，就不會有此類問題。其中的道理不用深思，就顯而易見。而且發問者必定邏輯地先於這些問題。沒有發問者就沒有問題。當我們問：「經濟學是什麼」、「人類學是什麼」、「宗教學是什麼」等等問題的時候，發問者是站在問題本身之外，或者說是站在問題之上的，是外在於問題本身的。具體說來就是，如果發問者是我們，我們為一方，所問的問題成為另一方。我們想知道對象是什麼，就得要問「這是什麼？」或「那是什麼？」問完了問題，我們也就當然想知道問題的答案是什麼。

然而當我們想問「哲學是什麼？」這樣的問題的時候，問題的性質發生了根本性的變化。從形式上看，這一問題如同其他問題一樣，是哲學的。但其他的問題「經濟學是什麼？」、「人類學是什麼？」等涉及的僅僅是社會現象的某一個方面。如經濟學討論的是社會中與經濟現象有關的方面，而不涉及其他的方面。「哲學是什麼？」則不同，由於哲學所涉及的是最為

普遍、最為基本的問題。因此這一問題形式也就賦有了新的特
點：

> 有關「哲學是什麼」的問題所能得到的答案都不可能
> 是確切、明晰的，因為答案是確切明晰的話，它也就離開
> 了哲學，進入了科學。

　　由於哲學所討論對象或問題的性質的普遍性，因此「哲學
是什麼？」這一問題形式就不可能像「經濟學是什麼？」等問
題那樣，有發問者為一方和問題及其答案為另一方的區分。我
們還是要以蘇格拉底為例來說明這一點。如果你沒有忘記的
話，在《美諾篇》中，蘇格拉底與美諾討論什麼是美德。美諾
回答說，男人的美德是什麼樣的，女人的美德是什麼樣的，還
有老年人的美德是什麼樣的⋯⋯等等。蘇格拉底聽了美諾的回
答後說，你所說的美德並不是我所要求的美德。因為我所要求
的美德，不是這樣的具體的美德，而是應該具有涵蓋一切的具
有普遍性的美德，這樣的美德應該是適應於一切人，而不僅僅
是某一個人。在這一事例中，討論問題的人是蘇格拉底和美諾
兩人，他們顯然是屬於發問者的一方。而「美德是什麼？」及
其所給的答案則是屬於問題一方。但在討論或回答「哲學是什
麼？」問題時，並不存在這樣的本質性的差異。因為蘇格拉底
認為，他所尋求的美德應該是適用於一切人。既然是適用於一
切人，那麼當然也就必然包括蘇格拉底和美諾在內的。如果把
他們兩人排除在外的關於「什麼是美德」的定義必然缺乏普遍
性。如果他們所討論的美德也適用於蘇格拉底和美諾本人，那
麼討論者本身也就進入了討論的範圍。於是，發問者和問題的
區別也就消失了。發問者不在「哲學是什麼？」這樣問題之外

或之上。這樣就出現了一個很奇怪的現象，一方面我們作為發問者在探討作為對象的哲學究竟是什麼，另一方面作為發問者我們自己又必須進入正在探討的對象之中，自己成了討論者同時又成為了討論的對象。正是透過這種方式，哲學家進入自己的哲學之中，進入自己所正在討論的哲學問題之中。

總結以上的討論，我們看到，「哲學是什麼？」探討的主題顯然就是哲學的；這一問題的探討方式，即詢問「什麼」或「為什麼」的方式是哲學的，按照海德格的說法，是典型的希臘的或西方的；哲學問題本身的普遍性，探討者本人不能自外於哲學的領域。所以結論就是：與其他的學科截然不同，哲學所探討的東西是與我們本身休戚相關的，人或人的生命的本質就是哲學的，哲學在我們的生命最深處撥動著我們心靈之弦。或者說，哲學就存在於我們自身之內。或者更進一步說，人的存在就是哲學性的。海德格如此看。

中國現代著名哲學家馮友蘭也是這樣看的。他認為，哲學就是對於人生的有系統的反思的思想。哲學的功用就在於使人成其為人。在這個意義上，我們簡直可以說，哲學就是仁學或人學。他說：「在未來的世界，人類將要以哲學代宗教。這是與中國傳統相結合的。人不一定應當是宗教的，但是他一定應當是哲學的。他一旦是哲學的，他也就有了正是宗教的洪福。」他的結論就是，人是哲學的，或者說哲學是人的本質。你不學其他的學科如化學、數學、物理學、語言學、人類學等等，充其量也就是你不能成為化學家、數學家、物理學家、語言學家、人類學家等等。但如果你不懂哲學，不學哲學，那麼你可能對什麼是人的本質屬性這一問題不會有深切的了解。你也就可能在實際上很難得到蘇格拉底意義上的「經過審視的」真正

有價值、有意義的生活。不懂得哲學，你可能不會懂得什麼才
是眞正的人。

1.4 人是能思想的存在

　　現在還是讓我們再一次地回到「哲學是什麼？」這一問題
上來。我們分析了「這是什麼？」或「那是什麼？」這樣的問
句形式的哲學涵義，也指出了「哲學是什麼？」問題的特殊性
質。然而直到現在，我們還沒有討論一個似乎更爲重要的問
題。我們都能理解，有問題必定有問題者。我們問「哲學是什
麼？」、「經濟學是什麼？」等等問題，現在我們必須進一步問
是「誰」在問「哲學是什麼？」、「經濟學是什麼？」這樣的問
題的。其實，這是一個極其簡單的問題，它的答案也應該是十
分明確，即提出所有上述問題的只能是人，而不能是別的什麼
動物。爲什麼只有人能夠提出這樣的問題，而其他的動物不能
呢？這樣的問題涉及到人與其他動物的本質區別。那麼人的本
質屬性是什麼呢？歷史唯物主義告訴我們，人與動物的眞正的
區別在於，人能夠製造和利用工具。這樣的看法無疑是正確
的，是有歷史的根據的。在這裡需要補充的是，第一，人類
學、動物學的研究告訴我們，其他的高級動物似乎也具有較低
程度的製造工具和利用工具的能力；第二，最低程度的製造工
具和利用工具的能力似乎是出於本能，而人類能夠製造工具和
利用工具的能力卻不是出於本能，而是由於他們具有別的動物
不具有的一種能力，即人是有理性的動物，他能夠思想。由於
有思想，所以人能夠籌劃，能夠設計，能夠根據自己的需要自

覺地利用或改變現成的自然資源來滿足自己的種種願望。由於有思想，人也就具有了目的、理想。要實現自己的目的和理想，就必須有手段，而且還要能夠合理地計算到底在多大的程度上使用什麼樣的手段才能實現目的和理想而絕沒有負面效應。這種思考的自然結果就是知識的出現。目的與知識的結合使人類獲得了巨大的力量，知識以幾何級數迅速遞增與膨脹，知識的增長使人的目的變得極為複雜。

更為危險的是，由於知識總是能夠滿足人們的欲望，所以使人的欲望無限制地膨脹，人的力量也因此變得越來越巨大。在自然面前，人確實極其渺小，但由於有了思想的幫助，渺小的人類卻有改造偉大的自然的能力。在這後一種意義上，人類似乎要比自然來得偉大。這正如巴斯噶所說的那樣，思想使人變得偉大，思想使人把宇宙囊括進了自己的視野。他說：「人只不過是一根葦草，是自然界最脆弱的東西；但他是一根能思想的葦草。用不著整個宇宙都拿起武器才能毀滅他；一口氣、一滴水就足以致他死命了。然而，縱使宇宙毀滅了他，人卻依然要比致他於死命的東西更高貴得多；因為他知道自己要死亡，以及宇宙對他所具有的優勢，而宇宙對此卻是一無所知。因而我們全部的尊嚴就在於思想。正是由於它而不是由於我們所無法填充的空間和時間，我們才必須提高自己。因此，我們要努力好好地思想；這就是道德原則。」

經過上面的分析，我們可以清楚地看到，使人與動物真正區別開來的分界是人有思想，而動物則沒有。人之為人是因為我們有思想，思想是自然園地中盛開的最美麗的花朵。因此不能善待自己的思想，維護自己的思想，豐富和發展自己的思想，人就不成其為人了，就會喪失人的本性。思想是只有人才

具有的特性。有了思想，人也就考慮人生的意義和價值。你說，人生是悲觀的，或者說是樂觀的，這都是人的思想思考的結果。如果沒有思想，當然人生也就無所謂意義和價值。那麼人和其他的動物如黃蜂、螞蟻、蒼蠅還有什麼區別呢？

　　人有思想，因此人也就具有了根據自己的思想進行創造的要求。思想凝結在物質產品中便形成文化。動物不可能形成自己的文化。由於人有思想，所以人才可能了解無限宇宙中的萬事萬物。宇宙中有人和沒有人有著巨大的不同，宇宙間如果沒有鳥或蜂蟻，只不過是沒有鳥或蜂蟻而已，對於宇宙本身不會有什麼影響，但如沒有了人，那麼宇宙就會變得一團漆黑。文化是人的文化，是有了人後才有的。所以沒有了人，那麼宇宙間也就不可能有文化。正因為如此，馮友蘭說道：「宇宙間若沒有鳥或蜂蟻，不過是沒有鳥或蜂蟻。但宇宙間若沒有人，則宇宙間即沒有解，沒有覺，至少是沒有較高程度的覺解。……宇宙間若沒有人，則宇宙只是一個混沌。朱子引某人詩曰，『天不生仲尼，萬古常如夜。』此以孔子為人的代表，即所謂『人之至者』。我們可以說，天若不生人，萬古常如夜。所以我們說，有人底宇宙與無人底宇宙是有重大底不同。……宇宙間底事物，本是無意義底，但有了覺解，則即有意義了。」

　　馮友蘭說得很對，如果宇宙間沒有人，那麼它就只是一片混沌，漆黑一團。但人有思想，能夠思維，具有抽象概括、歸納演繹、分析綜合、直覺想像、論證推導等方面的能力，能夠做歸類、區分等工作，因此人能夠對宇宙做斫破黑暗、開闢混沌的偉大的工作，能夠「判天地之美，析萬物之理」、「究天人之際，通古今之變」。這正如王陽明所說的那樣，「我的靈明便是天地鬼神的主宰。天沒有我的靈明，誰去仰他高？地沒有我

的靈明,誰去俯他深?」陽明此處所說的「靈明」即是指思想所具有的感知和認識的能力。人有思想,思想具有認識的能力以形成各種不同的概念,因此我們才能感覺到天的崇高偉大,山谷的幽深曲折。人有思想,因此他也就具有了形成知識的能力。

我們在前面說過,思想和知識的結合使人具有了無窮的力量。知識的快速增長使人的思想不斷豐富,使人想了解自然、社會和人生的願望變得更加迫切。日月星辰升起落下周而復始、山川大地遷移變化、花草樹木一歲一枯榮,這其中的原因是什麼,它們背後是不是有一種超自然的力量在主宰著芸芸萬物的生長變遷?如果有這樣的造物的話,那麼這樣的造物又是從何而來的?思想迫使人急於去尋求主宰宇宙萬物的「第一原理和第一原因」。社會的發展顯然又具有不同於自然的性質和規律,那麼歷史上朝代更迭的背後的原因和規律又是什麼呢?當然人生的意義和價值的問題更是人探討的重要的問題。人是什麼?他從哪裡來?又要到哪裡去?達爾文說人是宇宙進化的產物,是從類人猿長期演化而來的。而基督教《聖經》則說,人是上帝按自己的模樣創造出來的。哪一種說法更有道理?人生的意義和價值是什麼?如果說人是上帝創造的,上帝是不會不善的,那麼爲什麼人間卻充滿了種種惡行、萬般苦難?當然人間自有真情在,但善人卻很難做。以至於有的作家把惡比做巨人,善比做是小人和弱者,只有在惡這個巨人休息的時候,善才有活動的場所。那麼這又是由於什麼原因呢?你說人生是幸福的,爲什麼在人的短暫的一生中幸福微乎其微,而苦難、疾病、煩惱卻長相伴隨不離左右?我們因爲精神的焦慮、信仰的缺失、人生的危機、意義的失落和人與人的關係的疏離而感到

焦慮不安。

　於是，問題就是，我們到底該怎麼樣才能發現生命的意義，使人生得到最大的幸福，使人變得崇高起來呢？

　在你的人生旅途中，這些問題經常浮現在你的腦海之中嗎？你可能並不經常思考上述的所有問題（話講回來，上面所列的問題也只不過是人類所曾經思考過的問題中的一小部分而已），但可以肯定的是其中的一些問題也是你經常要思考的。特別是當你還正在人生的旅途上拚搏、奮鬥、摸爬滾打時，這些問題是一定常相伴隨你的左右。老實說，這些問題就是哲學問題。

　如果你考慮過這些問題，又試圖給這些問題尋找答案的話，你已經在做哲學的思考了。如果由於學業的勞累、生活的艱辛，你可能還未曾思考過這些問題的話，這並不表明你沒有哲學的根器和慧眼，與哲學無緣，只不過這些哲學問題還潛伏在你的思想海洋的深處。你所需要做的，就是在學習勞作之暇、茶餘飯後，靜下心來思考自己生活或社會中經常遇到的種種問題，努力尋找這些問題的可能的答案。如果在這樣的思考中你有困惑和不解之處，也沒有關係。因為困惑和不解往往會引導我們走向思想的旅途。在這樣思考之後，你應該經常閱讀些簡明的哲學讀物，看看歷史上的哲學家在遇到這樣相似的問題時是做怎樣的思考的，他們是怎樣來分析和研究這些問題的。久而久之，你就會逐漸地進入哲學之門。哲學離我們並不遙遠。從本質上說，我們就是哲學的，哲學是我們的靈魂。可惜的是，很多人並不意識到這一點。如果你有空，請你一定要讀讀十九世紀俄國偉大的作家杜思妥也夫斯基一生中最後的一部長篇巨著《卡拉馬佐夫兄弟》。書中有一個叫做米蒂亞的青

年，他的生活不但不能說是富裕的，而且應該說是艱辛的。但他有他自己的思想追求，這就是他「不求榮華富貴，只求給自己的疑問找到答案的那些人中的一個」。爲什麼我們必須要有上帝，爲什麼必須要有倫理學等等就是米蒂亞與其同伴經常討論的問題。人之爲人者決定了我們必須要有思想上的追求。思想是人的本質規定和存在方式。

　　人有思想，這是人的偉大之處。不錯，思想能給人帶來樂趣和幸福，但它同樣也能給人帶來巨大的痛苦、煩惱、不安、焦慮……，甚至逼迫人走向死亡之路。思想把一種叫做人的動物與其他的動物區別開來了。因此使人能夠感覺到幸福，也同樣體驗到了痛苦和不幸。即便人生在大部分的時間裡感受到了不必要的痛苦和煩惱，但他還是要比動物幸福得多。因爲正因爲有痛苦，你才能感覺到什麼是眞正的幸福。沒有了痛苦的感受，你隨之失去的就是幸福的快感。痛苦和幸福是相伴隨而行的，只有痛苦和人生的悲劇才能強有力地告訴我們一定要珍惜自己的幸福生活。莎士比亞創作的《哈姆雷特》是一齣悲劇。劇中的哈姆雷特的生活是一齣悲劇，但他的生活的悲劇卻啓迪著我們一種對生活的眞正的理解。悲劇把人生有價值的東西粉碎給人看。哈姆雷特的生活是悲劇，我們看完後也深深地感受到了生活中悲劇可能帶給人們的痛苦，所以我們應該追求幸福的生活。我們能夠感受到痛苦，這也是我們的幸福。動物是很可憐的，因爲牠們沒有思想，所以牠們沒有痛苦，隨之牠們也就不能享受到只有人才能眞正享受到的幸福。據說希臘晚期的一位哲學家叫做皮浪的，有一次在海上遇著大的風浪，人們都很驚慌失措，不知如何是好。這時，皮浪指著一頭依然麻木不仁繼續吃食的豬對同船慌亂的人說，哲人也應當像這頭豬那樣

不動心。人知道遇到大風浪可能發生的後果，因為人有思想。豬沒有思想，豬也就當然不知道大風浪可能會產生什麼樣的後果。問題在於皮浪要人向豬學習，學習牠的不動心。這顯然是不正確的，他沒有看到人與豬之間的本質區別。正像沒有思想的存在不可能轉變為有思想的存在一樣，有思想的人也無必要學習豬的那種「不動心」。因為人自有自己的達到「不動心」境界超越的途徑，絕不是豬的那種麻木不仁的混沌狀態所能相比的。人的「不動心」是透過哲學智慧而後才得到的。哲學的思考有時能夠給你帶來幸福，也可能會給你帶來巨大的痛苦。但不管怎麼樣，哲學是你思想中的一片淨土，你經常會在其中發現樂趣。

人的偉大是因為人有自己的思想。動物則沒有自己的思想。但並不是每一個人都認真地對待和重視自己的思想，其實我們在生活中所遇到的很大一部分人並不善待自己的思想。只有那些珍惜自己思想的人才會注意汲取思想的養料，仔細地培植、豐富和發展自己的思想，隨時在自己的思想園地中檢討種種思想問題。這些人是有望成為哲學家或哲學工作者的。因為對思想進行檢查和思考的方式，用哲學的術語說就是在進行反思。或者說，在思想中思想，在以自己為對象來進行思考。思想的反思也叫做精神的反思。思想的反思或精神的反思就是思想的自覺或精神的自覺。能夠進行思想的反思或精神的反思的人就能達到一種新的境界，獲得思想的自由和幸福。對於他們而言，幸福是真正意義上的幸福，因為他們知道為什麼他們能夠得到幸福，知道他們的幸福源自何處。他們不但能夠得到幸福，而且也能把持住幸福。對他們而言幸福不是轉瞬即逝的電光火花，而是長流不息的河流。他們能夠得到巨大的幸福也是

因為他們能夠將痛苦轉化為幸福，知道如何擺脫痛苦，剷除痛苦的根源。正因為如此，他們也就是真正自由的人。

2. 哲學爲何物？（下）

認識自我乃是哲學探究的最高目標——這看來是眾所公認的。在各種不同哲學流派之間的一切爭論中，這個目標始終未被改變和動搖過，它已被證明是阿基米德點，是一切思潮的牢固而不可動搖的中心。

——卡西爾

　　恩斯特·卡西爾（Ernst Cassirer, 1874-1945），德國哲學家。被
譽爲「當代哲學中最德高望重的人物之一，現今思想界具有百科全
書知識的一位學者」。

2.1 哲學探討的首要目標乃是認識自我

人是思想的存在。人要能夠成為真正思想自由的人，他就必須要進行哲學的思考。亞里斯多德指出，哲學為唯一自由的學術探索。於是，人思索頭上星空出沒的規律，探索腳下大地運行的奧秘。當然關於人本身的種種現象也在哲學思考的範圍之內。由於對天地的考察是從人這一視角做出的，所以對人自身了解的程度也就決定了我們對外在世界的研究的深度。可見，哲學思考的焦點就應該是人本身。

這一點早為卡西爾所正確地指出過。他在其名著《人論》第一章概述兩千多年西方哲學思想關於人的各種哲學理論時，首先指出：

> 認識自我乃是哲學探究的最高目標——這看來是眾所公認的。在各種不同的哲學流派之間的一切爭論中，這個目標始終未被改變和動搖過，它已被證明是阿基米德點，是一切思潮的牢固而不可動搖的中心。

在這裡，卡西爾點出了西方哲學傳統的真正精神之所在。哲學思考的出發點是自我，其終極目標仍然是自我。他的這一看法應該說是正確的，富有啟發意義。

對自我的認識可以有兩條途徑，一為直接地面對自我，一為間接地面對自我。一切直接地面對自我的哲學思考都直接地討論涉及自我的種種性質，而自然哲學和神學的直接對象雖然分別是自然和上帝，但是其真正的旨意仍然在人，仍然在人的

本質的自我認識。因為對於人而言，自然是人居住的環境，人對自然的認識曲折地反映出了人對自我的認識。而對上帝的崇敬其實是人對人自身的崇敬。宗教起源於人的本質、人的需要，宗教是、而且只能是人對自己本質的意識。我們在對自然的認識裡，在對宗教的認識中，可以窺見人本身的種種秘密。人並不是孤立的存在，人與人、人與自然被各種各樣看不見的紐帶緊密地聯繫在一起。因此單純而又直接地面對自我，我們或許並不能完成認識自我、實現自我這一神聖的任務。我們必須在直接地面對自我的同時，還必須把我們的目光指向天上，投向外在的自然，因為我們在天上，我們在自然裡所尋找的並不是那直接的自然現象和上帝救贖的種種奇蹟，而毋寧說我們所真正尋找的乃是對我們自己的倒影和人的世界的秩序。對自我的直接的認識與對自然、對上帝的認識是同步的。人的自我生活在精神的三度空間中。必須同時從精神的三度上作向內、向外和向上的探索和尋找，我們才有可能找到真正的自我。人的自我乃是人與人、人與自然、人與上帝之間的關係的實現。真正的哲學活動始終應該是以人為中心的。

翻開任何一本西方哲學史的教科書，我們都會看到，泰勒斯是西方哲學史上的第一位哲學家，他的哲學思想是西方哲學的源頭。據說，泰勒斯曾在埃及學習過天文和數學，他根據幾何學測量過金字塔的高度，並曾經預言過日蝕，幸運的是日蝕果然在他預言的那一天發生了。這一天是西元前585年5月28日。後來的人們就把這一天看作是古希臘哲學誕生日。泰勒斯是一個十分聰明的人，據亞里斯多德說，有一次他看好了當年的橄欖收成，於是下定決心買下了所有的榨油機高價出租，結果大大地撈了一筆錢。當然這只不過是泰勒斯學術之外的商務

活動，這表明哲學家能夠進行抽象的思辨，也能成功地從事實際的事務並大獲成功。泰勒斯哲學思考的核心問題是天文和數學。柏拉圖曾說，泰勒斯曾經全神貫注地觀察星象，臉朝上而壓根兒沒有注意腳底下有什麼東西，結果不小心掉進了井裡。於是，當時特拉克地方的一位聰明而又幽默的姑娘嘲笑他說，他想知道天上有什麼，卻沒有搞清楚他前方和腳下有什麼。姑娘的嘲笑卻是深刻而又形象地揭示出了泰勒斯「蔽於天而不見人」的思想特色，只注意天上有什麼東西，而不留心身邊或自己有些什麼。

赫拉克利特認爲，火爲萬物的始基，萬物始於火，最終又要回到火。因此世界在「過去、現在和未來永遠是一團永恆的活火，在一定的分寸上燃燒，在一定的分寸上熄滅」。據此，我們會很自然地把赫拉克利特歸屬於「古代自然哲學家」的行列之中。然而這樣的看法並不能正確的刻畫出赫拉克利特的哲學思想所具有的革命性質，因爲正是他率先在古希臘的哲學史上強烈地提出了「尋找自我」的思想。他確信，不先研究人自身的秘密，而要想洞察自然的秘密是根本不可能的。因此他認爲，如果要把握實在並理解它的意義，我們就必須把反省自我的要求付諸實踐。可以這樣來概括他的全部哲學思想，即「我已經尋找過我自己」。所以「尋找自我」的思想才能最爲準確地揭示出赫拉克利特哲學思想不同於他之前的畢達哥拉斯的數學哲學和愛利亞派邏輯哲學的嶄新思想面貌。這是人類自我意識的最初的自覺的覺醒，它標誌著古希臘哲學思想的轉型，即從以自然哲學爲中心的哲學思考逐漸地轉向以自我爲中心的哲學思考。但我們也必須看到，赫拉克利特的「尋找自我」的思想還是相當樸素、十分簡單的，他本人仍然還是站立在宇宙學思

想與人類學思想的分界線上。緊接著赫拉克利特，普羅泰戈拉提出了「人是萬物的尺度」的思想。然而只有在蘇格拉底的哲學思想中，赫拉克利特的「尋找自我」的思想才得到了充分表述的機會。

西塞羅曾經這樣說過，是蘇格拉底把哲學從天上拉回到了人間。這就是說，蘇格拉底哲學思想關注的中心不是天，而是人自身。蘇格拉底確認，研究自然我們會毫無所得，因爲這是干涉神的事，是瀆神。所以他反覆教導人們放棄對自然的研究，而轉過頭來研究自己，研究自己的心靈。他宣稱，人的主要任務是「回歸自己的心靈」、「認識你自己」。他指出，哲學的任務就是去指導如何過一種有意義的生活。他指出，一種未經審視的生活，還不如沒有的好。正是在這樣的思想的觀照之下，蘇格拉底喊出了「認識你自己」這一響亮的思想口號。這一口號標誌著哲學史上一個全新時代的到來。卡西爾對此給予了高度的評價，他如是說道：「我們發現，劃分蘇格拉底和前蘇格拉底思想的標誌恰恰是在人的問題上。蘇格拉底從不攻擊或批判他的前人們的各種理論，他也不打算引入一個新的哲學學說，然而在他那裡，以往的一切問題都用一種新的眼光來看待了，因此這些問題都指向一個新的理智中心。希臘哲學和希臘形而上學的各種問題突然被一個新問題所遮蔽，從此以後這個新問題似乎吸引了人的全部理論興趣。在蘇格拉底那裡，不再有一個獨立的自然理論或一個獨立的邏輯理論，甚至沒有像後來的倫理學體系那樣的前後一貫和系統的倫理學說。唯一的問題只是：人是什麼？……他所知道以及他的全部探究所指向的唯一世界，就是人的世界。他的哲學（如果他具有一個哲學的話）是嚴格的人類學哲學。」

亞里斯多德

亞里斯多德在評論蘇格拉底在方法論上的貢獻時，曾經這樣說道：「我們可以把兩個發現歸功於蘇格拉底，歸納思辨和普遍定義。」他的歸納具體說來只有四個步驟。第一步從對方的論斷中找出矛盾，第二步提出對方不得不接受的真理，第三步從個別歸納出一般，第四步給出定義。蘇格拉底充分地運用了他的這種方法來討論人的種種問題。他把人定義為：人是一個對理性問題能給予理性回答的存在物，正是依靠這種基本的能力──對自己和對他人做出回答的能力──人成為一個「有責任的存在物」，成為一個理性的道德的主體。在蘇格拉底之後，斯多噶主義者也主張自我質詢的要求是人的特權和他的首要職責，認為維護人的絕對獨立性是人的最基本的美德。

蘇格拉底的人學思想開了文藝復興時期人文主義思想的先河。人文主義者理直氣壯地把人看作世界的主人。他們宣揚西元前二世紀拉丁詩人特倫斯的思想：「我是人，人的一切特性，我無所不有。」法國的人文主義者蒙田也引用古代詩人的詩句說：人對自己的生活應該抱有這樣的態度，「每個人自己創造自己的命運」。人文主義者高揚人的地位，向宗教神學發起了強有力的挑戰。他們貶低神性，而熱情謳歌人性和人所具有的理性。法國的拉泊雷在他的《巨人傳》中假借神壺的預言者之口說：「請你們暢飲吧！請你們到知識源泉那裡去……研究

人類和宇宙；理解物質世界和精神世界的規律，……請你們暢飲知識，暢飲真理，暢飲愛情。」英國的偉大的戲劇家莎士比亞在其名作《哈姆雷特》中高聲謳歌人生、人的理性：「人是一個什麼樣的傑作啊！人的理性是多麼高貴！人的能力無窮無盡！人的儀態和舉止多麼恰到好處，令人歎驚！人的活動多麼像一個天使！人的洞察力多麼宛如神明！人是世界的美！動物中完善的典型！」

　　人文主義運動的高潮為西方近代以來的理性主義哲學的興起創造了良好的社會、文化背景。可以毫不誇張地說，從笛卡兒到以康德、黑格爾為代表的德國古典哲學都是對文藝復興運動所做出的理論總結。因為作為笛卡兒哲學基礎的「自我」到康德、費希特哲學中的自我再到黑格爾哲學中的「絕對理念」正與人文主義者所熱情洋溢讚揚的人性、高聲謳歌的人的理性遙相呼應。在近代西方哲學中開始的「認識論轉向」實質上只不過是對人的理性所作的哲學重估，是人的自我認識在哲學思辨領域中的折射。正是人的價值的理性的自我發現促使了哲學家們有可能從人——認識主體——去入手解決哲學中所包括的對人的自我認識在內的各種重大問題。這樣，我們就可以清楚地看到，那種單純地把知識論的對象僅僅局限在自然科學知識而完全與人無緣的看法恰恰沒有看到近代以來知識論所以能夠成立的絕對的先決條件——人的自我的完全覺醒。自我或自我意識是笛卡兒、洛克、萊布尼茨、休謨、康德、費希特、黑格爾以來的西方哲學發展史的真正的基礎。「認識論轉向」的完成標誌著哲學家尋找到了認識自我的一種最重要的手段或工具。

　　眾所周知，「我思故我在」是笛卡兒哲學的第一原理。但笛卡兒哲學的真正的前提卻是對「自我」至高無上的思想地位

的確認。他的哲學主題就是要「研究我自己」。他認爲，什麼都可以加以懷疑，但「我在懷疑」本身卻是絕對眞實的。「因爲要想像一種有思想的東西是不存在的，那是一種矛盾。因此，我思故我在的知識，乃是一個有條有理進行推理的人可以體會到的首先的、最確定的知識。」就是這樣，笛卡兒運用了理性的推導方法從「我思」推演出了「我」的存在。笛卡兒在哲學史上的貢獻就在於他運用了理性的懷疑方法確立了「自我」在其哲學體系中的絕對優先的地位。在笛卡兒的哲學體系中，「我」是一個思維的東西，也就是說，是一個精神，是一個理性的存在。可見，理性自我乃是笛卡兒全部哲學的基石。經驗主義者走著與理性主義者不同的認識自我的道路。貝克萊認爲，人的認識起源於感覺，而且也只圍於感覺。物質客體不可知。物是感覺的複合。貝克萊的哲學與笛卡兒的相去甚遠。他們之間的差異起源於對人的自我認識能力的不同看法。笛卡兒對人的理性充滿著樂觀的信心，而貝克萊則把人的認識能力局限在感覺的範圍內，認爲人並不具有認識抽象觀念、認識物質客體的能力。休謨則更進一步認爲除了知覺之外，其他一切均不是我們所能認識到的。人們不但不能認識物質實體，而且也不能認識精神實體。休謨的哲學在哲學史上被稱作爲不可知論或懷疑論。卡西爾正確地指出，不可知論或懷疑論實質上藉著否認和摧毀外部世界的客觀確實性，而希望把人的一切思想都放到人本身的存在上來，所以我們必須努力打破把我們與外部世界聯繫起來的種種鎖鏈，我們才能歡享到眞正的無限的自由。認識自我乃是實現自我的第一條件。而認識自我則必須依賴經驗和觀察，這是不可知論者認識自我的認識論的結論，所以不可知論往往只是一種堅定的人本哲學的副本。

　　休謨哲學給康德巨大的震動，把他從獨斷論的迷夢中驚醒過來。他把自己的哲學任務規定爲是在認識開始之前來考察人的認識能力及其可能的運用範圍。爲了避免獨斷論和懷疑論，我們必須首先要設立「自我意識」，「自我意識」擁有具有普遍性和必然性的知識形式，同時我們還必須設立「物自體」的存在，物自體作用於自我的感官，促使自我以知識的形式對之進行加工以形成具有普遍性和必然性的知識。但康德又指出，這種具有普遍性和必然性的知識只能是數學知識和自然科學知識，而對於自在之物，如上帝、宇宙、靈魂這些形而上學要認識的主體，則人不可能形成具有普遍性和必然性的知識。這是人類知識的限度，這也是人類認識能力的限度。而且在康德哲學中眞正起能動作用的只是自我意識。自我意識爲自然立法。費希特看到了康德哲學的重要意義在於把「自我」放到了高於一切的地位。

　　費希特繼承了康德哲學的傳統，他把自己的哲學叫做「知識學」。但是他比康德更進了一步，認爲知識論不僅是哲學的中心問題，而且就是哲學的本身。進而，他也擯棄了康德哲學中的物自體，而更加突出了「自我」地位，把自我看成是不依賴於他物而獨立自存的東西，是一切知識的絕對在先、無條件的根據，是他的「全部知識學」的絕對無條件的第一原理，可見，費希特的知識學的基礎就是人的自我，他的哲學就是人學。

　　從笛卡兒的心的發明到康德的「自我」，再到黑格爾的「絕對理念」是一個必然的邏輯進程。黑格爾把康德、費希特哲學的「自我意識」客觀化，提升爲「現象世界」，即世界萬物的本原，被稱之爲「絕對理念」、「宇宙精神」等，在黑格爾看來，

黑格爾

作為宇宙萬物實體的「絕對理念」乃是一個富有生命力的能動的創造性的認識主體。黑格爾哲學中的這種人本學特徵在其早期著作《精神現象學》中表現得非常淋漓盡致。在精神現象學中，黑格爾運用了辯證的方法和發展的觀點來研究分析人的意識、精神發展的歷史過程。精神現象學實質上是「人的意識發展史」。它表現出了黑格爾對人的精神的真正發生發展的研究實際上應該是哲學的最高任務和哲學精神的觀點。黑格爾的全部哲學就是對人的精神作自我反思的歷史再認識，因此，在他的哲學中認識論和人的哲學是完全統一的。

在西方，哲學研究有兩個領域，即自然哲學和人的哲學。哲學史的發展顯示，人不能直接達到客觀的自然，關於自然的所有知識的可能性存在於人的認識過程之中，所以在哲學的發展歷史上有所謂的「認識論的轉向」。因為不碰認識論，我們根本就不可能認識外在的客觀世界。這也就能很好地說明，康德為什麼要在認識開始之前考察人的認識能力。他的考察的結果是：數學是可能的，自然科學是可能的。之所以可能就是因為人類所具有的感性直觀形式和知性所具有的範疇把普遍必然性質加給了自然。我們可以清楚地看到，自然哲學和人的哲學已經緊緊地結合在關於人的哲學之中。也正因為這樣，所以英國哲學家休謨萌發了建立一門新的科學即人性科學的念頭，他指出，所有的科學知識即便是那些似乎離人相當遙遠的知識，都

41

是透過人才有可能，都是與人類有密切的關係。可見，對於哲學來講，最基本的也就是關於人的哲學了，所以哲學簡直可以稱之為人學。不懂得人之所以為人，我們也就根本不可能從事任何科學的研究。

　　上述的哲學史回顧旨在說明認識自我、分析自我是西方哲學傳統中的一個永恆主題。西方近代哲學中雖出現了「認識論轉向」，知識的問題成了哲學討論的主題。但我們應該看到，知識論的討論所以可能的前提就是人的自我的覺醒。知識論的討論源於人的自我認識，為人的自我認識提供認識論的工具。

　　其實，中國哲學從一開始就走上了人本哲學的路子。對於人的本質的思考始終是中國傳統哲學的主題。儒家哲學思想是這樣，道家哲學思想和佛家哲學思想也無不是如此。孔子思想關心的是人，所以他的哲學思想的核心概念是「仁」。顏淵問仁，孔子答曰：「克己復禮為仁。」禮是外在的約束人們行為的禮儀規章制度，它帶有強制性。孔子認為，仁的基本性質是要求人們約束自己的言行，使其符合於周禮的內在自覺的道德規範。孔子在中國哲學思想史上的地位是化外在的強迫性的禮為內在的自覺的仁。為仁由己而不由人，所以他說：「為仁由己，而由乎人哉？」「仁遠乎哉，我欲仁，斯仁至矣。」「為仁」是人的自由的道德選擇，而這一選擇是自己做出的，並不是別人或某種外在的力量強迫下所做出的。孔子的這一思想突出了道德

孔子

主體的自主性，人是享受思想自由的存在。

孟子繼承了孔子的哲學思想傳統，他在政治上提倡「仁政」。「仁政」的可能性存在於人先天而具有的仁義禮智這四種道德品質中。他指出，仁義禮智這四種道德品質並不是由外面強加給我的，而是我的內心生而具有的。「仁義禮智，非由外鑠我也，我固有之也，弗思矣。」毫無例外地人都具有這「四心」。如果有人說沒有這「四心」，孟子指出，這是因爲他「弗思矣」，即沒有好好地意識到自己具有「四心」，所以遺忘了。只要是人，就都有「四心」。你說你沒有，你也只有回到自己的內心中去尋找。孟子所以說要「求放心」，是要把放失掉的本心找回來。孟子的「求放心」實質上就是蘇格拉底所說的「認識你自己」。認識你自己，呵護維持好自己本已固有的「四心」是人的最高的職責和神聖的使命。在孟子的哲學思想中也同樣可以看到巴斯噶的「思想形成人的偉大」的思想。孟子說：「萬物皆備於我矣。反身而誠，樂莫大焉。」萬事萬物都在我的心中，反思自身確實做到了誠其身，那麼你就會感到莫大的樂趣。「萬物皆備於我」，所以天地萬物中人爲最高貴者。

陸九淵則更爲明確地表達出了這同樣的思想。他在十幾歲時便提筆寫道：「宇宙便是吾心，吾心即是宇宙。千萬世之前有聖人出焉，同此心，同此理；千萬世之後有聖人出焉，同此心，同此理也；東南西北海有聖人出焉，同此心，同此理。」又說：「宇宙內事，是己分內事；己分內事，是宇宙內事。」宇宙不在我的心外，我心即是宇宙，與宇宙同其廣闊偉大，人心是無所不包的。

王守仁繼承陸九淵的哲學思想，也同樣認爲「萬事萬物之理不外吾心」，應該在「吾心」中而不是在「吾心」之外去求物

理，因為「心外無理」、「心外無物」、「心外無事」。他認為，人的道德良知是外在世界萬事萬物存在的根據。他說：「若草木瓦石無人的良知，不可以為草木瓦石矣。豈唯草木瓦石為然，天地無人的良知亦不可以為天地矣。」此乃是在說「人為天地之心」。據《傳習錄》記載：有一天王守仁與其弟子赴南鎮地方遊山，一個弟子指著山中的花樹問道：「天下無心外之物，如此花樹在深山中自開自落，於我心亦何相關？」王守仁答道：「你未看此花時，此花與汝心同歸於寂，你來看此花時，則此花顏色一時明白起來，便知此花不在你的心外。」陽明這一回答在國內的哲學史教科書中多為被批判的對象，認為此一回答是主觀唯心主義的，否認了外在的客觀世界。其實這樣的批判毫無道理，而陽明的回答則有一定的道理。

　　道家哲學思想的核心也應該說是人。老子和莊子是道家哲學的代表。老子哲學思想的主要概念是「道」，道是世界萬事萬物及人的本源。《老子》說：「道生一，一生二，二生三，三生萬物。」人只是萬事萬物中的一種。《老子》說：「道大，天大，地大，人亦大。域中有四大，而人居其一焉。人法地，地法天，天法道，道法自然。」可見，老子的哲學思想是一種探求人及萬事萬物本源的哲學，是一種本體論和宇宙論，具有較濃重的客觀性的味道。莊子哲學則不然，他將作為萬事萬物本源的道內在化為人的一種心靈境界。如何突破人自己軀體的拘執，不為名利、外物、家室、社會制度等所累，無限拓展人的精神境界，從而獲得無限的自由便是莊子哲學的永恆主題。「故嘗試論之，自三代以下者，天下莫不以物易其性矣。小人則以其身殉利，士則以身殉名，大夫則以身殉家，聖人則以身殉天，一也。故此數子者，事業不同，名聲異號，其子傷性，以

身為殉，一也。……伯夷死名於首陽之下，盜跖死利於東陵之上，二人者，所死不同，其於殘生傷性均也。」在莊子看來，為名、為利、為家庭或為國家而犧牲自己的身家性命是「殘生傷性」，這樣的生命是毫無價值、毫無意義的。我是我自己的，我才是自己的真正的主人。我是目的自身，而不是實現某種外在的利益、制度或名利的手段。莊子反對「人為物役」。要做一個真正的人，就必須突破各種限制與道融合為一，擺脫一切「物役」，「物物而不為物所物」，獲得真正的自由，在浩瀚的空際做不依賴任何外在東西的逍遙遊，其最高境界便是「天地與我並生，而萬物與我為一」。我們可以看見，莊子哲學的主題始終關心的是「人如何才能成為一個真正的人」。

中國的禪宗強調的是將佛性與人性緊緊地融合在一起，指出人性就是佛性，「佛」不是別的，就是自己的本性。「本性是佛，離性無別佛。」因此求佛不是向外，而是向自己的身內去求，「佛向性中作，莫向身外求」。禪宗認為，佛不在遙遠的彼岸世界，而就在個人的心中，就在於你對自己本性的迷或悟之間。「自性若悟，眾生是佛；自性若迷，佛是眾生。」我們在此也可以借用西塞羅的話說，禪宗佛學將哲學從天國搬回了人間。

與西方哲學一樣，中國哲學的最高目標也同樣是人，而且我們可以進一步說中國哲學是更為典型的人本主義哲學，它始終緊緊地圍繞著人這一主題展開的。

說哲學的主題是人並不意味著我們把哲學研究的範圍僅僅限制在人的身上，而不重視甚或反對對外在事物的研究。與此相反，哲學正是因為「以人為本」，所以它才十分關注與人有關的一切研究。從學術發展的歷史來看，那些與人的生存關係最

為密切的領域是首先進入人的視野的，與人的關係比較遙遠的對象也就較晚引起人的研究興趣。稍有哲學史常識的人，就能輕易地看到，哲學研究的對象幾乎涵蓋了知識的一切可能的研究範圍。但最後，哲學家發現，歷史上最偉大的天才儘管花了極大的精力，結果還是收效甚微。我們堅信我們身處的生活世界內外所能發現的種種令我們感覺驚訝莫名的奧秘必定有其原因，關於它們的真理也必定是隱藏在什麼隱蔽的處所，這是沒有問題的。問題卻在於我們至今還未真正找到使我們的研究或探索能夠取得卓著成效的出發點。於是問題便成了這樣的，即我們的研究應該從何處開始呢？

　　英國哲學家休謨可以說是最早注意到這個問題的哲學家。他的研究顯示，作為所有學科研究的出發點或基地的應該是關於人性的科學即哲學。為了給自己的論點提供論據，他進一步探索了人性科學與其他學科互相之間的關係。他一針見血地指出，「顯然，一切科學對於人性總是或多或少地有些關係，任何學科不論似乎與人性離得多遠，它們總是會透過這樣或那樣的途徑回到人性。即使數學、自然哲學和自然宗教，也都是在某種程度上依賴於人的科學，因為這些科學是在人類的認識範圍之內，並且是根據他的能力和官能而被判斷的。

休謨

如果人們徹底認識人類知性的範圍和能力，能夠說明我們所運用的觀念的性質，以及我們在作推理時的心理作用的性質，那麼我們就無法斷言，我們在這些科學中將會作出多麼大的變化和改進。……數學、自然科學、自然宗教既是如此依靠於有關人的知識，那麼在那些和人性有更密切關係的其他科學中，又會有什麼樣的情況呢？邏輯的唯一目的在於說明人類推理能力的原理和作用，以及人類觀念的性質；道德學和批評學研究人類的鑑別力和情緒；政治學研究結合在社會裡並且互相依存的人類。在邏輯、道德學、批評學和政治學這四門科學中，幾乎包括盡了一切需要我們研究的種種重要事情，或者說一切可以促進或裝飾人類心靈的種種重要事情。」透過對哲學與其他學科關係的考察，休謨得出了他的結論：「因此，在我們的哲學研究中，我們可以希望藉以獲得成功的唯一途徑，即是拋開我們一向所採用的那種可厭的迂迴曲折的老方法，不再在邊界上攻取一個城堡，一會兒占領一個村落，而是直搗這些科學的首都或心臟，即人性本身；一旦被掌握了人性之後，我們在其他各方面就有希望輕而易舉地取得勝利了。從這個崗位，我們可以擴展到征服那些和人生有較為密切關係的一切科學，然後就可以悠閒的去更為充分地發現那些純粹是好奇心的對象。任何重要問題解決的關鍵，無不包括在關於人的科學中間；在我們沒有熟悉這門科學之前，任何問題都不可能得到確實的解決。因此，在試圖說明人性的原理的時候，我們實際上是提出一個建立在幾乎是全新的基礎上的完整的科學體系，而這個基礎也正是一切科學唯一穩固的基礎。」（休謨《人性論》）可見，在休謨看來，人性科學或這種新的哲學是一切科學研究的唯一的穩固的基地或出發點。結論自然也就是，不但哲學就連自然科

學和自然宗教也都要以人為自己的研究對象，我們可以發現，西方近代以來的哲學發展基本就是沿著休謨的路子走的。

2.2 哲學是美好生活的嚮導

在上面，我們說明了哲學的永恆主題是人。人是什麼？人的生命的意義是什麼？人如何才能過上美好的生活？這些問題便是哲學所要思索和回答的。什麼樣的生活才是人的生活？人的生活要怎麼樣才能有價值？是哲學中的重大問題。羅馬哲學家西塞羅曾經說過：「哲學！人生的導師，至善的良友，罪惡的勁敵，假使沒有你，人生又值得什麼！」學習哲學肯定不能為你提供生活中所需要的柴米油鹽醬醋及其他的生活必需品。當然生活並不僅僅意味著就是這些東西，它有著更為豐富的內容。你如果要想使自己的生活更為豐富、更為幸福、更為美好，那麼哲學是少不了的。哲學是通向美好生活的保障。哲學並不神秘，也不高深莫測，它就在我們的日常生活中，就是關於我們生活的學問或藝術。

可以說，想過美好的或幸福的生活幾乎是每個人的追求或願望。那麼什麼是美好的或幸福的生活呢？

有人認為，有一份薪水頗豐的工作，身體健康，在山青水秀的處所有一棟豪華的別墅，能與心心相印善解人意的伴侶長相廝守，過著物質方面無憂無慮的生活，這樣的生活在他們看來無疑就是最幸福的生活了。毋庸置疑，對幸福生活的這一看法，有其合理性。物質生活確然是幸福生活的一種必要的因素，人們有權享受物質生活所帶來的種種利益。現代社會中的

人們幾乎都是以物質生活的指標來衡量生活是否達到「小康」生活水準。這種看待生活的態度在以經濟建設為中心的現代社會中是相當普遍的。經濟建設和自然科學在現代社會現象中占據著中心的位置，由此形成的比較流行的看法就是要以經濟生活的參數來衡量生活的品質，要以具有實用性的科學方法作為評估生活幸福的程度。但事實告訴我們，即便有了充裕的物質生活，我們也不一定能過上美好幸福的生活。生於鐘鳴鼎食之家的賈寶玉，整日為金屋繡榻、錦衣玉食、如雲的美女所包圍，在時下的很多人看來，應該是很幸福的。然而賈寶玉到頭來卻選擇了出家這一條道路。因為在大觀園中，他身受封建禮教的重壓，愛情生活的纏繞，給他的精神生活帶來了無窮的苦惱。在這樣的環境之下，他或者發瘋，或者自殺，或者就是出家。最終，他不得已選擇了出家這一條道路。這說明，生活的幸福並不決定於外在的環境。

但有人並不這樣來理解幸福的生活。如釋迦牟尼出家前為王子，應該說在物質方面是應有盡有，這在其他人看來就是一種令人豔羨的無憂無慮的幸福生活了。但釋迦牟尼並不如此看，充裕的物質生活並不意味著幸福。有一天他駕車出遊四門，在東南西三門的路上先後遇著老人、病人和死屍，親眼看到那些衰老的人、消瘦的人及其他種種淒慘的景象。這使他異常的感傷和煩惱。最後從在北門外遇見一個出家的沙門那裡，他認識到只有出家才可以解脫生老病死種種束縛。於是他獨自走向伽耶城外的畢缽羅樹下靜坐思維如何擺脫人生的種種痛苦，終於在天將破曉時恍然大悟，確信自己已經通達了人生的真諦，拔除了人生煩惱的根源。他在悟道之後獨自在樹下徘徊多日，享受著解脫三昧的無上樂趣。王宮中的生活並不能使釋

迦牟尼感覺到巨大的幸福，卻給他帶來不少的痛苦。真正的幸福只有在精神世界中才能尋找得到，只有在靜坐思維中通達了人生的真諦、拔除了產生人生種種痛苦的根源之後才有可能過上幸福的生活。可見幸福首先是人對生活的一種看法，是人對生活的一種態度。如果你對生活的幸福或痛苦有了某一種的看法或態度，那麼你也就有了精神生活，你也就對自己的精神生活有了自覺。不錯，精神生活越豐富，你的痛苦可能會越多，但同時你能夠感受到的幸福也就越多。沒有痛苦也就沒有幸福。幸福生活的出現也同時意味著痛苦的消失。

　　中國現代著名思想家梁漱溟年幼時就很執著地追求幸福的生活。原以為幸福生活決定於外在的世界，有一次他問家中終日辛苦勞作的保姆，她的生活苦還是不苦，保姆答道：「不苦啊！」這一回答使梁漱溟幡然醒悟，意識到所謂的幸福生活並不存在於外在世界之中，幸福原本就是我們對生活的一種看法。物質生活的充裕雖然重要，但對於人的幸福而言最重要的是精神世界。於是他便沈溺於佛學典籍，想在其中尋找生活的真諦，拋卻青春期的無限煩惱。如果我們有著崇高偉大的精神世界，那麼我們無論在什麼地方、什麼時候都能感覺到幸福或美好的生活。若如此，則幸福或善或美便會無處不在。宋明理學家叫人尋找所謂的「孔顏樂處」，事實上要人尋找的就是使人達到一種崇高偉大的精神世界。得到了這一境界，也就得到了生活的幸福或樂處。顏回就是處於這樣的境界中的人，「一簞食，一瓢飲，在陋巷，人不堪其憂，回也不改其樂」。

梁漱溟

可見，關於什麼是幸福或善有著截然不同的看法，更罔論怎麼樣追求幸福生活這一更為複雜的哲學問題。

哲學不是抽象概念的思辨、分析，也不是課堂上宣讀的教科書中的理論體系。哲學只不過是關於生活的藝術，它告訴我們什麼才是真正幸福的生活。也正是在這個意義上，古希臘偉大哲學家蘇格拉底才被後人稱之為「探索幸福的人」。對於這個稱謂，蘇格拉底當之無愧。因為他的哲學主題及其全部哲學活動就是人的生活。生活中的善便是他執意要追求的最高的目標和最偉大的理想。構造體系嚴密、論證細致的概念體系本來就不是他的意願。他不是書齋裡的哲學家，如他的學生柏拉圖。他的哲學課堂不在大院高牆內的教室裡，而在雅典社會的深處，在熙熙攘攘的人群之中。於是他便走出家庭，離開性格強悍暴烈、喋喋不休、嘮叨不已很難使人容忍的妻子，整日光著腳奔走穿行於雅典的大街小巷、廊廟鬧市、競技場所，到處拉著人問什麼是美、什麼是善、什麼是幸福生活等這樣的哲學問題。他的目的在於引導或規勸人們要真正懂得什麼樣的生活是美好的、是有道德的、是有意義或有價值的。固然人人都在生活之中，但並不是每一個人都能明白什麼才是真正的幸福的生活、什麼才是善等這樣的問題。蘇格拉底認為這樣對待生活的態度是有問題的。他指出，未經審視的生活還不如沒有的好。因此美好幸福的生活必須經過我們的哲學理性的審視才有可能得到。他經常思考的問題是究竟什麼樣的知識才能使人們得到最大的幸福。於是美德、善、正義、靈魂等問題也就成了他哲學探討的核心問題。他希望透過對這些問題的討論，達到改造人們靈魂的目的。他這樣說道：

　　雅典人啊！我尊敬你們並且熱愛你們，但我將寧可服從神而不服從你們，而且只要我還有生命和氣力，我就不會停止哲學的實踐和教誨，勸勉我所遇到的你們中的每個人，照我的方式對他說：你，我的朋友，偉大、強盛和智慧的雅典城邦的一個公民，你只專注於積累大量錢財和獵取聲譽，卻毫不關心和留意於智慧、真理和靈魂的最大改善，難道不以為羞恥嗎？如果這人說：是啊，可我是注意的呀！這時我就不離開他，也不讓他走開，而要來回地盤問他；如果我發現他並無美德，只是口頭上說他有，我就要責備他忽視了最寶貴的東西，倒把無價值的東西看得非常重要。我要把這些話反覆地對我所遇見到的每個人去講，不管他年輕或年老，是公民還是僕人，但是特別要對你們這些公民們說，因為你們是我的同胞。要知道這是神的命令，我相信，在我們國家裡再沒有什麼比我對神的服務是更大的好事了。因為我所做的事情只是到處去勸說你們，不論老少，不要只考慮你們個人和財產，首要的事是要關心靈魂的最大改善。我告訴你們，金錢不能帶來美德，而只有美德才會帶來金錢和其他一切好事，包括公共的私人的好事。這就是我的教義。

　　金錢、地位、權勢等外在的東西不能給人們帶來美德、幸福。美德、幸福等不能向外去尋覓，它們只存在於我們的靈魂深處，它們是自由思想園地裡所盛開的花朵。一個不關心自己的靈魂和思想的俗人，不可能真正懂得什麼是美德、什麼是幸福。要獲得美德和幸福，我們就必須改造自己的靈魂，就必須澆灌精神的家園，就必須豐富自己的思想。

人都有靈魂，都有思想。但並不是每個人都在時時刻刻地關心自己的思想，精心細緻地呵護自己的靈魂。至於能自覺地對自己的思想或精神進行反思者更是微乎其微。 所以雖然我們都希冀自己能過上美好幸福的生活，都盼望自己有著美好的精神家園，但事實上，真正能夠得到幸福的只是少數。

那麼究竟什麼樣的人才能夠得到幸福呢？

這是一個很難回答的問題。

為什麼呢？因為它是一個真正的哲學問題。這是說，如果誰能夠回答或解決這一個哲學問題，誰也就自然而然地得到了幸福。在回答或解決這一問題之前，我們且先仔細品味朱熹的一首詩。

朱熹有〈觀書有感〉二首，其中第一首是這樣的：

> 半畝方塘一鑑開，
> 天光雲影共徘徊。
> 問渠那得清如許？
> 為有源頭活水來。

方塘半畝雖然不大，但它卻像一面明鏡，清澈明淨，一塵不染，天光雲影在其中浮動閃爍。清澈明淨的方塘之水與天光雲影交相輝映。方塘如鏡面般明淨，這是靜。然天光雲影卻在其中閃耀浮動，這又是動。靜中有動，動中有靜，又呈現為一種動靜融合為一的畫面。這是一幅無比美妙的畫面，令人讚歎不已。方塘之水要能夠反映天光雲影必須清而又空，毫無塵埃。然天光雲影之能夠在水中閃耀浮動，又表明方塘之水是空中有靈，空靈結合為一體。方塘半畝不大，但卻能夠反映萬里晴空的天光雲影，這又是從小中見大。那麼方塘之水為什麼能

夠總是這樣的純澈明淨呢？詩人答道，因為有「源頭」的「活水」不斷地湧入方塘。

　　一般人認為，朱熹這首詩是藉景物的描寫抒發哲學家的義理，這固然不錯，但卻不完全準確。因為詩中的方塘本來就有兩層涵義，即明指眼所見的方塘，暗喻人的心靈。顯然前一種意義的方塘在詩中是沒有任何深意的。在朱熹看來，這後一層意義的方塘才是其旨意所在。因為此詩題為〈觀書有感〉，顯然是詩人因所讀書中的哲理撩撥其心中無限的哲學遐想，大有不吐不快的感覺，才提筆寫下此詩。

　　如果把半畝方塘視為我們的心靈，那麼我們就能準確地理解朱熹此詩的深刻哲理。我們要保持自己思想、精神、心靈的純澈明淨，一塵不染，才能做到以靜待動，動靜合一，才能保持空靈合一，以小見大。而心靈、思想、精神之能夠保持其空靈，保持其純澈明淨、毫無芥蒂又必須有其「源頭活水」。在朱熹處，思想、精神和心靈的「源頭活水」顯然是指他積極倡導的理學思想。他認為，理世界是「潔淨空闊底世界」，人的心中之理，和萬物所蘊涵的理又是相通的。萬事萬物的生長發育是由於「天道流行，造化發育」。為什麼天理流行就能化育萬物呢？朱熹答道：「天道流行，發育萬物。其所以為造化者，陰陽五行而已。而所謂陰陽五行者，又必有是理而後有是氣。及其生物，則又必因是氣之聚而後有是形。故人物之生，必得是理，然後有以為健順仁義理智之性；必得是氣，然後又以為魂魄五臟百骸之身。周子所謂『無極之真，二五之精，妙合而凝』者，正謂是也。」可見，天地間萬事萬物的產生長養是由於伴隨著理的陰陽五行之氣的流行。化育流行乃使宇宙處在永恆的運動之中。「天地之化，往者過，來者續，無一息之停，乃道

體之本然也。」「此道體也。天，運而不已，日往則月來，寒往則暑來；水，流而不息；物，生而不窮；皆與道為體，運乎晝夜，未嘗已也。」理是能造作、能創生的實體，是萬化之源，萬物之本，當然也是我們思想或生活的取之不竭、用之不盡的「源頭活水」。如果你對理學思想有一定的了解，那麼你對朱熹此詩的理解就自有新的境界，就會「別有一番滋味在心頭」。從哲學的角度來看這個世界，就是與從俗世的觀點來看這個世界不一樣，儘管這個世界還是這個世界，但它向我們所呈現的意義卻大不一樣。

如果我們能夠保有思想、精神和心靈的「源頭活水」，我們的精神生活便會達到一種崇高的境界，我們的生活中就會充滿盎然的生機、無上的樂趣和甜蜜的幸福感。用這樣的眼光看待生活及世界的一切，自然是「萬物靜觀皆自得，四時佳興與人同」。當然，這個思想、精神和心靈的「源頭活水」便是活的哲學思想。要想有幸福美好的生活，你就得學習哲學。哲學是美好生活的嚮導，是精神生活的守護者，是心靈的「源頭活水」。

一般人的生活沒有精神、思想和心靈的源頭活水，所以他們的思想、精神和心靈枯竭如化石，生活中沒有天光雲影，沒有善，沒有德性，沒有幸福，沒有一切美好的東西，生活當然也就空虛不實，枯燥乏味，苦不堪言。生活對他們而言毫無意義和價值，當然也就談不上什麼幸福了。他們孜孜以求物質生活的享受，得到了所需要的物質，到頭來卻全然享受不到生活的樂趣。因為他們不知道生活的幸福指的是精神生活的幸福，是必須內求於心才能得到的。不僅我們的身體需要食糧，我們的精神、思想和心靈也同樣需要食糧。而且後一種食糧對人的幸福生活而言更為重要。誠如法國現實主義作家司湯達爾所說

55

的那樣，「輪船要煤燒，我的腦筋中每天至少要三四立方尺的新思潮。」中國的優秀詩人郭沫若把司湯達爾的這句話視爲「警策的名言」，看成是他當日的「裝進了腦的無煙煤」。夾竹桃的花、石榴樹的花正在怒放，郭沫若追問，那麼「思想底花可要幾時才能開放呀」？在他看來，思想的花朵指的是新的思潮，沒有新的思潮不可能會有思想的花朵。有了這樣的認識，郭沫若發誓要成爲一個挖煤工，「要往圖書館裡去挖煤去」。

且聽詩人的心聲：

「輪船要煤燒，
我的腦筋中每天至少要
三四立方尺的新思潮。」
Stendhal 喲
Henri Beyle 喲
你這句警策的名言，
便是我今天裝進了腦的無煙煤了！

夾竹桃底花，
石榴樹底花，
鮮紅的火呀！
思想底花，
可要幾時才能開放呀？

雲衣燦爛的夕陽
照過街坊上的屋頂來笑向著我，
好像是在說：
「沫若喲！你要往哪兒去喲？」

我悄聲地對她説道：

「我要往圖書館裡去挖煤去喲！」

可以説，哲學思想就是最好的思想煤礦。

由上可知，哲學與我們的生活密切相關，嚮往美好生活的願望是我們學習和研究哲學的強烈動機。這樣説來，我們每一個人都與哲學有著這樣或那樣的程度不等的關係。只要細心考察，你就會發現，哲學問題就在我們的日常生活之中，它無處不在，只是我們「日用不知」、「習焉不察」。

2.3 哲學思考是最爲自由的學術探討

哲學雖然與我們朝夕相伴，但並不是每一個人都能發現生活中的問題，做哲學的思考。能夠成爲哲學家的更是鳳毛麟角，微乎其微。哲學只對於那些熱愛生活、追求生活意義的人才有其價值。對於大多數人而言，由於他們熱中於與生活密切相關的現實利益，無暇思考生活現象背後的更爲深層的哲學問題。

爲什麼呢？這是因爲，人的需求有層次之分。著名心理學家馬斯洛曾經指出，人的需要有高低不同的結構層次。最基本的可以分爲五個層次：

第一層次是人的生理需要，如對衣食住行的需要，這是人的需要中最基本和最強烈的一種。

第二層次是安全的需要，此種需要是在第一種需要滿足的基礎上生長起來的。

　　第三層次是歸屬和愛的需要。在前兩種需要得到滿足的基礎之上，人自然而然會產生對愛、對友誼、社交和被理解的需要。

　　第四層次是自尊的需要。自尊和受人尊重是每一個健康的人的更高層次的需要。

　　第五層次是自我實現的需要。馬斯洛說：「一個人能夠成為什麼，他就必須成為什麼，他必須忠實於他自己的本性。這一需要我們可以稱之為自我實現的需要。」

　　按照馬斯洛的動機─需要層次理論，我們可以說，對於哲學的關注只有在第五層次的需要上才有可能產生。因為哲學思考就是一種自由的思考，只有具有「自我」意識的人才有可能自由地進行哲學的思考。在我們的時代，由於現實的經濟發展的要求使人們對於日常生活的瑣事予以太大的重視，整個民族思考的重點在於如何去努力奮鬥實現以經濟為中心的現代化事業。這正如黑格爾所說的那樣，由於有關現實工作占據了精神上的一切能力、各階層人們的一切力量以及外在手段，致使我們的、精神上的內心生活不能贏得寧靜。世界精神太忙碌於現實，太馳騖於外界，而不能回到內心，轉回自身，以徜徉自怡於自己原有的精神家園中。這就告訴我們，如果我們的心靈讓世俗的利益占據了，那麼我們的精神生活一定會極度地貧乏。大多數的人由於過於關注現實的利益，以至於沒有時間和精力去澆灌心靈的家園中的思想花朵，所以他們不能做到使自己的思想、精神和心靈處於空靈、寧靜的狀態。對於他們而言，哲學思想是生活的奢侈品，他們根本就不懂得哲學思想是使人類生活充滿生機、樂趣、幸福的不可須臾離卻的必需品。人類歷史在不斷的進步向上，人類的生活在不斷的改善提高，人類的

思想在不斷的豐富充實，人的心靈所以能充滿著不可遏止的激情和好奇，這都是由於歷史上花樣翻新的哲學思想在不斷地啓動著人類的思想。可以說，如果人類沒有了哲學思想，人類可能也就沒有了歷史，人類存在現在早已成爲了僵死的化石。

為了要能進行哲學的思考，你必須要有強烈的自我意識。有了自我意識，你也就必然地會感覺到思想自由的偉大價值和崇高意義。相應地，你也就有了要成爲自己思想的主人的強烈的願望。我是我自己的，我有權力來進行自己的思考，自己的選擇。他人的思想可以成爲我的思考的思想資源，但他人的思想絕不能取代我自己的哲學思考。我是我自己的思想的主人，而不是他人思想的奴僕。誠如盧梭所言，人是生而自由的。康德也指出，不論是誰在任何時候都不應把自己和他人當作工具，而應該永遠看作自身就是目的。他認爲，每個有理性的東西，都自在地作爲目的而實際存在著，他們並不單純是這個或那個意志使用的工具。在他們的一切行動中，不論是對自己，還是對別人，任何時候都必須被當作目的。人之能作爲自在的目的而存在的可能就是因爲他是有理性的東西。一切沒有理性的東西則只能被稱作對象。因此，人的本性表明，他們不是可以被隨意擺布的對象，他們必須享受應有的尊重。

理性的存在天然地具有能思想的能力。能思想是人與其他對象相區別的本質特徵。法國思想家巴斯噶曾經這樣說過：「人只不過是一根葦草，是自然界最脆弱的東西；但他是一根能思想的葦草。用不著整個宇宙都拿起武器才能毀滅他：一口氣、一滴水就足以致他死命了。然而，縱使宇宙毀滅了他，人卻依然要比致他於死命的東西更高貴得多；因爲他知道自己要死亡，以及宇宙對他所具有的優勢，而宇宙對此卻是一無所

知。因而我們全部的尊嚴就在於思想。正是由於它而不是由於我們所無法填充的空間和時間，我們才必須提高自己。因此，我們要努力好好地思想；這就是道德原則。」可見，正是理性或思想而不是其他任何東西才使人變得尊嚴、偉大。因此我們要維護人的尊嚴和偉大就得善用我們的思想，就要成為自己思想的主人，堅持獨立而自由地思想的權利，不要盲從，不要隨意附和。凡事要自己拿主意，自己思考，自己做選擇。如果你能如此去做，那麼你就是自己的主人，你也就有了自由的思想了。同時，你也自然而然地具有了從事哲學思考的必要條件了。當然，尊重自己的思想，並不意味著你就可以隨意地詆毀或蔑視他人的思想。如果說我是我自己的思想的主人，那麼其他人也就是他們自己的思想的主人。在此情形之下，我的思想就有可能與其他人的思想發生衝突。避免這樣的思想衝突的最好辦法就是作哲學思想的論證，你就得拿出充分的理由或證據，以理力爭，來說明你的思想可能更有道理、更有合理性。關於此點，我們在此書的適當部分將作詳細的敘述。

思想的自由是進行哲學思考的必要的前提。沒有思想自由也就沒有哲學思想。哲學思想是在自由的思想園地中才能盛開的花朵。我們需要哲學思考的唯一目的是尋求生活的真諦，而不是為了金錢、地位、權勢等這些世俗的物質利益。西方哲學史上的第一個真正意義上的哲學家蘇格拉底就是這一方面的典範。蘇格拉底作為一個哲學家與智者的實質性的區別在於，智者研究學問、研究知識的目的是為「稻粱謀」，即在智者看來，思想本身並不是他們的真正追求或目的，而只是一種謀生的手段；蘇格拉底則不同，他追求學問、研究知識是為了思想自身的目標，即追求真，是為了思想而思想或是為了學問而學問。

可見，在智者處，思想或學問或知識僅僅是手段。他們要迎合服務對象的需要，為客戶的目的服務。因此客戶的需要和目的也就成為了智者思想的主人。正是由於智者工作的這樣的性質，所以柏拉圖才把智者看作是與奴隸差不多的人群，認為智者的工作就是奴隸式的工作。當然這不是說，智者們本人是奴隸，而只是說他們的工作是為了謀生，是為了掙錢，因此他們出賣自己的學問，出賣自己的思想。蘇格拉底與此不同，他之所以不斷地探索思想，不斷地研究知識，目的不是為「稻粱謀」，不是為他人提供服務，更不是為了在法庭上迎合取悅於陪審團，而是為了思想自身，為了追求真本身。他非但不懂如何取悅別人、為別人的目的服務，卻偏偏要在大庭廣眾之下，批評別人，揭別人的思想短處，逼迫那些洋洋得意之人承認自己知識的有限性，使得別人下不了台。用柏拉圖的話說，蘇格拉底的工作是主人式的工作。不過話又講回來，蘇格拉底又實實在在是一個惹人討厭的傢伙。即便在思想通達、民主自由思想深入人心的今天，如果在大庭廣眾之下碰到這樣的人，我們也會油然而生恐懼之心，避之唯恐不及，擔心自己會在眾目睽睽之下出盡洋相，受盡凌辱。 但蘇格拉底卻以能成為這樣的思想家而自豪，他自認為是一個牛虻，專事叮咬、蟄刺、驚醒雅典這個睡盹混亂的龐然大物，促其奮發努力向上、向前。在法庭上他這樣慷慨陳辭：

　　　　所以雅典人啊，現在我並不是像有些人想像的是為我自己申辯，而是為了你們。你們不要濫用神賜給你們的禮物來給我判罪，如果你們處死我，將找不到人來取代我。用粗鄙可笑的話說，我是神特意賜給本邦的一隻牛虻，雅

典像一匹碩大又餵養得很好的馬，日趨懶憊，需要刺激。
神讓我到這裡來履行牛虻的職責，整天到處叮咬，激勵、
勸說、批評每一個人……

　　要尋求眞理，就必須保持思想的自由和獨立。而尋求眞理
的目的是保證使人們能夠過上幸福美滿的生活。眞理是帶刺的
玫瑰，雖漂亮但卻扎人。只有不怕痛苦的人，才有可能尋求到
眞理。蘇格拉底告訴雅典的人們，什麼是眞理、什麼是幸福、
什麼是德性、什麼是善。把眞理、幸福和思想的自由留在人
間，自己卻選擇了死亡。對於大多數人而言，死亡是最大的痛
苦，但蘇格拉底卻爲了思想的自由、爲了眞理，安詳平和地走
向了死亡的深淵。眞正的哲學家是爲了自由、眞理和精神的幸
福而生存、而奮鬥，他們絕不會爲了世俗的利益而犧牲自己的
奮鬥目標。蘇格拉底的學生柏拉圖也是爲了自己的政治改革的
理想而被人把衣服剝得精光拉到市場作爲奴隸去賣；史賓諾莎
爲了自己的思想自由謝絕了教會大學所提供的優厚的教職，靠
磨鏡片爲生直至病死。

　　追求眞理、追求思想的自由和尊嚴是中外哲學家共同的奮
鬥目標和遠大的理想。如孔子爲了推行自己的以仁爲核心的政
治改革理想，周遊列國，遊說諸侯，希望當時的統治者能採納
自己的政治改革主張。孔子的政治主張不能爲當時的統治者所
採納，不得已退而聚徒講學。孔子是以「仁」爲己任，自感
「任重道遠」。「仁」是孔子哲學思想的最高境界和理想目標，
「君子去仁，惡乎成名？君子無終食之間違仁，造次必於是，顚
沛必於是。」隨時隨地都必須以「仁」爲指導自己言行的最高
準則，不可須臾或缺。「富與貴，是人之所欲也；不以其道得

之，不處也。貧與賤，是人之所惡也；不以其道去之，不去也。」不能為了取得一官半職和榮華富貴而犧牲自己的政治理想和思想自由而去迎合權貴或統治者。儒家的思想強調要挺立自己的人格，要保持思想的尊嚴和自由，反對阿諛奉承，曲己從人，所以孟子說道：「富貴不能淫，貧賤不能移，威武不能屈。此之謂大丈夫。」

其實道家更是強調作為個體的人的逍遙或自由，莊子便是這樣的一位楷模。據司馬遷《史記‧老子韓非列傳》載：楚威王聽說莊子很有學問，於是專門派人帶了大量的錢財去請他作相。其時，莊子正在濮水河邊釣魚，他對來請他的人說：「千金，重利；卿相，尊位也。」但這好比祭祀用的牛一樣，養了多少年，最後還是給牠披上漂亮的衣裳，宰了送到太廟當祭品。到那時你雖然想做一頭自由自在的小豬也不可能了。你還是快快走吧，請不要玷污我！我寧願像一條魚，在污泥中逍遙自在、自得其樂。我絕不為帝王們所束縛。我一輩子也不當官，以達到我自得其樂的志願。從古至今的統治者們恐怕都不會喜歡莊子的這種不合作的態度，認為他是一個極端的利己主義者。這樣來看莊子，顯然是對莊子的極大曲解。不願與統治者合作倒不是莊子自命清高，想逃避社會，而是當時的社會非常黑暗，現實過於痛苦，人間充滿著許多的不平，而統治者又過於強暴卑劣。「竊鉤者誅，竊國者為諸侯。」這就是莊子不想與統治者同流合污的真正原因。更為重要的是莊子是有自己的哲學思想。他關心的是人的存在的個體性，人的尊嚴、自主、自由是他的哲學思想的主題和實質。他清楚地意識到他作為一個個體的存在絕不是實現帝王統治夢想的工具或手段。不錯，人是必定要生活在社會之中，但人要獲得真正的自由，他

就必須要斬斷自己與其他種種具有外在世俗功利性的東西的關係。莊子哲學思想已經觸及到了思想的自由、自主、尊嚴這樣重要的哲學問題。

　　思想的自由、自主是進行哲學思考的重要條件，但不是唯一條件。要能真正地進行哲學思考，我們還需要在自己心靈深處留存一塊靜土，要保持自己心靈園地的寧靜和安詳。保持心靈的寧靜和安詳的秘訣就在於要使自己的心境處於空靈的境地。首先是空，要空才能靈。所謂空是說，心不要受外界種種物欲的干擾，而不是像禪宗所說的那樣心中不起任何念頭，連「空」的念頭也沒有。我們說過，思想具有自主性，思想是思想的主人，如果我們受物界的擾亂，聽憑物欲流行，我們也就失去了思想主人的地位，淪爲了物界或物欲的奴隸。物界是永遠不會沈寂的，它始終是那樣的喧囂、嘈雜、浮躁，充滿了種種物欲。誠如老子所說：「五色令人目盲，五音令人耳聾，五味令人口爽。」這就是說，過多地追求物質生活的享受，會使人眼瞎耳聾，口味敗壞。如果一味隨順物界浮沈，那麼我們也就必然不能感受生活的趣味。要能享受和領略生活中的趣味或樂趣，我們一定要保持自己心境的寧靜。你的心境越寧靜、越空靈，那麼你也就越感覺不到物界的喧囂浮躁。不但如此，你還會有這樣的感覺，即物界越喧囂浮躁，你的心境越是空靈。真可謂是「鳥鳴山更幽」。那麼如何才能保持心境的空靈呢？習靜並不一定要逃逸深山空谷，將物界的喧囂浮躁人爲地置於腦後；也不一定要學佛家靜坐參禪，念念思空。如果說逃逸深山空谷，在古代社會還能勉強行得通的話（其實也只有那些不愁吃喝穿住的士大夫才有可能），那麼在現代社會這樣的做法大有困難。更爲重要的是，如果你不能真正做到心空，那麼即便你

逃逸深山空谷，也會是煩惱纏身，猶如吐絲做繭，越纏越緊，幾無喘息鬆口氣的餘地。所以真正的心靜只能內求於心。有朝一日要能夠真正做到「身居鬧市，一塵不染」，鬧中取靜，我們才有資格說，我們做到了心靜。心不為物役，不為身役，即便身居鬧市，即便在熙熙攘攘的人群中穿梭而過，你依然能夠超越擺脫一切物欲的誘惑，悠然沈思退想，你的心中便會蟇然感受到一道思想之光的閃爍，無窮妙悟奇想隨之源源而來，於是生活中的無窮樂趣恬意就會降臨你的心田。相信，你們在生活中都有過這樣的體驗。

一般而言，這樣的樂趣恬意或妙悟奇想在我們的心中都是轉瞬即逝猶如一道閃光。如何使它們永駐我們的心田呢？或者說如何才能成功地使我們的心經常地或永恆地保持寧靜，永遠地保持安靜閒恬、虛融澹泊呢？道家的老子主張要做到此點就應該「滌除玄覽」。他把人的心比做是一面最為深妙的鏡子，稱之為「玄覽」。在他看來，要保持內心的最大的空虛、最確實的寧靜，就要把這面最深妙的鏡子打掃得乾乾淨淨，這樣萬物就都會呈現在我們面前，使我們可以按照它們的本來面貌去認識它們。這就是他所說的：「致虛極，守靜篤，萬物並作，吾以觀復。」後來荀子講「虛一而靜」。虛就是不要讓已有的知識來妨礙我們將要接受的知識，一是說不要使同時接受的不同的認識互相衝突。靜就是不要讓虛假不實的幻象、假象來擾亂正確的認識。荀子認為「虛一而靜」非常重要，因為它可以使人們的頭腦達到「大清明」的境界，能夠使人們不為主客觀的片面性所蒙蔽。他說：「虛一而靜，謂之大清明。萬物莫形而不見，莫見而不論，莫論而失位。」

其實在中國哲學思想史上，禪宗對於保持人們的心靈的寧

靜作了最爲透徹的闡述。

　　禪宗講「自性眞空」，是說心處於一種「空虛」的境地，絕對的虛空，連「空」的念頭都不需有。禪宗指出，這種「空」的境地是靠人生而就有的一種認識自己本性的能力即良能或「靈知」。若有這種「靈知」就能「一刹那間，妄念俱滅，若識自性，一悟即至佛地」。這就是說，靈知在一刹那間領悟到自己的心本來就是空的，於是當下便可達到「佛」的境地。據載，五祖弘忍叫寺中衆僧各作一偈，看誰對佛法領會得深刻，便將衣缽傳給誰。上座弟子神秀作的偈是：「身是菩提樹，心如明鏡台，時時勤拂拭，勿使惹塵埃。」當時寺中的行者慧能認爲神秀的偈未見「本性」，於是返回房中自作一偈，深夜貼在寺中的廊柱上。他的偈是這樣的：「菩提本無樹，明鏡亦非台，本來無一物，何處惹塵埃。」弘忍認爲，慧能的道行要比神秀高，神秀沒有看到「佛性」本來就是空的，於是悄悄地將衣缽傳給了慧能，慧能後來成了六祖。

　　從佛家空宗的立場看，慧能的境界確實要高於神秀。但是我們認爲，神秀的看法似乎更貼近於生活。而且人類歷史的發展顯示，神聖文化不斷地在向世俗文化靠近，世界的眞實性是不容否認的。如果沒有世俗文化作爲基礎，那麼神聖文化就會成爲空中樓閣，久而久之，必然會走向消亡。所以宗教要能生存，就必須能夠對神聖文化與世俗文化之間的關係做出令人心服的解釋。把一切都看成是「空」的，而且連「空」的觀念也不應該有，這在世俗之人看來是不可接受的，因此，我們認爲，如果從常識的生活著眼，神秀的看法更易爲我們所接受，或許能更加有效地用來解釋我們到底如何在日常生活中保持寧靜的心境。悟道成佛，保持心靈的寧靜澹泊，其實大可不必去

故意做作，大可不必逃離塵世，就是要在平常的生活中自然見道。所謂「春有百花秋有月，夏有涼風冬有雪，若無閒事掛心頭，便是人間好時節」，就是這種境界。當然我們並不必非得習禪，才能得著心靈的澹泊空靈，但是保持一份禪意在心頭，使我們能以一種詩意的眼光來看我們生活於其中的世界，會使我們領略到生活的樂趣。

禪宗所說的心空不是要我們離開五光十色、喧囂煩躁的物界而後才能得到，而是要保持心體的清淨本性，使自心不黏滯於外物，在觀照萬事萬物時不起心、不動念。禪宗修行的方法注重的是心不受外物的迷惑，這就是所謂的「無念」。慧能說：「於諸境上心不染，曰無念。」可見，「無念」不是「百物不思」，萬念俱滅，對任何事物都不思慮，而只是說在與物界接觸時，心要不受外境的任何干擾，「不於境上生心」。「無念」的方法又可稱之為「無住」（不執著）。這種方法要求對任何事物都不留戀，不執著。例如看到美色時，你盡可去看，不要閉著眼不敢去看，因為愛美之心人皆有之，不是嗎？但禪宗認為，你當然可以看美色，然你的心不能滯留在美色上，不能在美色上著相。現在我們可以明白，慧能的看法是，如果你能做到心不黏滯於外物上，「外離一切相」，那麼你雖處於塵世之中卻無牽無掛、無染無雜，來去自由毫無滯礙，精神上得到了徹底的解脫。因此「極樂世界」就在你的心中。但如果你執著於外物，不能做到「於諸境上心不染」，心受外境的影響，追求形色聲味，看到美色心中念念不忘，那麼你必然會感到無限的煩惱和痛苦，這就是地獄。「前念迷即凡夫，後念悟即佛，前念著境即煩惱，後念離境即菩提。」重要的是心體本身的清淨空靈。心空靈則放眼望去，一切都會顯得那麼的超逸、空靈、靜

謐……，總之妙趣橫生。

這樣的生活難道不使人飄然嚮往之嗎？

請看王維的詩句：

> 空山不見人，
> 但聞人語響，
> 返景入深林，
> 復照青苔上。

> 人閒桂花落，
> 夜靜春山空。
> 月出驚山鳥，
> 時鳴春澗中。

> 空山新雨後，
> 天氣晚來秋。
> 明月松間照，
> 清泉石上流。
> 竹喧歸浣女，
> 蓮動下漁舟。
> 隨意春芳歇，
> 王孫自可留。

王維詩的創造在於刻畫心境的空靈。由於心境是空且靈的，所以他所看到的景物雖然並不是空無所有的，但卻也真切地透露出既空且靈的詩意境界。如果心是空且靈的，那麼物界的流動溢彩更襯托出內心的空靈。你看，王維詩中不也有處於流動中的人語、竹喧、蓮動、桂花落、清泉流、驚山鳥、鳥鳴

嗎？靜本來就是相對於動而言的，沒有動又哪來的靜呢？要善於在動中取靜，越動便也就越靜。我們在王維的詩中感覺到了盎然的禪意。在別的地方我們恐怕不能說，但對於王維的詩，我們卻可以說，詩是哲學的語言，因為禪宗的哲學就是王維詩的靈魂或核心。因此，王維的詩不僅僅在其詩句裡，詩是無所不在的，詩就在生活中，在人語中，在竹喧中，在桂花的下落的聲音中，在清泉的流動中，在鳥鳴中……，總之只要是王維的詩所觸動到的一切無不是詩，無不是美和生命，無不是空且靜且靈的，就連王維本人也在他的詩中。

這裡的關鍵是你要能真正地有一顆空靈靜謐的心，那麼即便是在喧嚷嘈雜的鬧市中，也會得著生活的妙趣。心靜也就自然一切皆靜。你想要得到幸福的生活嗎？你想領略生活中的無窮妙趣嗎？你想要修養你的身心嗎？你想在求學處事方面取得偉大的成就嗎？那麼你就必須有一顆空且靈的心境。幸福的生活只有在靜的心境中才能得到，生活中的無窮妙趣只有在靜的心中才能領略，人的修養身心也只有在靜的思想園地中才能達到一種很高的境界。至於學習處事更不能張皇失措，而需要你從容不迫地去應付。在現代社會中，尤其是生活在大都市裡，人們都顯很忙碌，很疲勞，生活節奏快得使人喘不過氣來。不過，千萬不要忘了，一定要使自己有一片空靈的心境，一定要在忙裡偷閒，在鬧中求靜。否則，你就會覺得生活怎麼這樣的苦不堪言呢？

以空且靜的心靈來觀照萬事萬物，萬事萬物便會呈現出種種意想不到的妙趣。這樣空的心靈也就是靈的心靈。空且靜的心靈能使人達到一種極高的境界，因為只有空靈的心境才能使我們按照外在事物的本來樣子認識它們。否則，我們就會以己

度物，把自己的思想或意志強加於外物，歪曲事物的本來性質。空靈的心境也可以使我們能夠擁有寬廣的心懷、博大的胸襟，正確地對待他人的思想或意見，與人和諧相處。

2.4 哲學就是愛智

我們曾經在上面說過，哲學是生活的藝術。人人都想過美好幸福的生活，都想領略生活中的無窮妙趣。那麼現在要問的問題就是，哲學到底是怎麼樣來指導生活的呢？

毫無疑問，哲學源於生活，生活是哲學的源泉。不要說離開生活就沒有哲學，就是對那些認為生活是毫無興趣的人而言，哲學也不是如生活中的柴米油鹽那樣是生活的必需品，哲學又有什麼價值呢？所以只有熱愛生活的人，只有熱愛生命的人，他們才會思索或考慮幸福生活的價值的涵義、生命的真正意義是什麼這樣的哲學問題。我們曾經在前面說過，蘇格拉底思考的正是這些問題。

談到蘇格拉底，我們就自然想起哲學在古希臘時期的涵義。在希臘哲學中，哲學就是愛智慧。智慧就是關於生活的藝術。

蘇格拉底在當時被認為是最有智慧的人。於是有人去特爾斐神廟求神諭，詢問是不是有比蘇格拉底更聰明的人。傳達神諭的女祭司回答說：蘇格拉底確實是最聰明的人，沒有再比蘇格拉底更聰明的人了。此神諭傳到蘇格拉底耳中，他感到大惑不解，因為他認為自己連小的智慧都沒有，又何從來的大智慧呢？

　　為了證明神諭是錯的，於是他走訪了不少他認為是很有智慧的人。結果他發現，這些人都有某些方面的知識，但是他們卻犯了一個共同的錯誤，以為自己有了某一方面的知識，便也就以為自己是無所不知、無所不能的。他認識到，他自己和這些人的真正的區別在於，他意識到自己是無知的，而那些人卻不承認自己是無知的。於是蘇格拉底從中悟出了神諭的真正意義在於告訴他：「真正的智慧是屬於神的，神諭只是告訴我們，人的智慧是微不足道，沒有價值。在我看來神不是真的說我最有智慧，而只是用我的名字做例子，彷彿對我們說：人們中最智慧的就是像蘇格拉底那樣，認識到在智慧方面實際上是不足道的。」人只有承認自己是無知的，他才能發掘自己的理性能力向智慧過渡，從無知變成有知。在柏拉圖的《斐德羅篇》中蘇格拉底說，「我認為『智慧』這個詞太大了，它只適合於神；但『愛智』這個詞倒適合於人」，並認為「『愛智』是人的自然傾向」。可見，追求智慧應該是人的本性。人都應該有追求智慧的渴望和激情。這樣的歷史回顧告訴我們，智慧不是人所具有的，而是高高在上的超越的神的。

　　人雖然不具有智慧，但他們卻具有追求智慧的本性、渴望和激情。這就是說，人是處在從無知通向有知的旅程之中。那麼為什麼追求智慧是人的本性呢？因為人人都在追求幸福美好的生活，而智慧是指導人們過上美好生活的藝術，所以智慧雖然是神的，但卻內在於人們生活的目標中。

　　在英文中，愛智一詞是「philosophy」。「philo」是「愛」，「sophy」是「智慧」。在漢語中沒有與「philosophy」一詞相應的詞。我們現在通行的「哲學」一詞是日本近代學者西周用來翻譯西文的「philosophy」一詞的。漢語「愛智」一詞是對西文

「philosophy」的直譯，是比較接近於西文「philosophy」一詞。「哲學」一詞中的「哲」字的本意是「聰明、有智慧」，而「學」字則有「學習」、「學問」、「學派、學說」等涵義。根據對漢語「哲學」一詞的語義分析，我們清楚地看出，「哲學」一詞並沒有準確、充分地表達盡「philosophy」一詞的原意，遺漏了「愛」或「追求」智慧的涵義。而「愛智」或對智慧的「追求」恰恰又是人的自然本性。這樣我們就可以看見，在這一翻譯的過程中遺漏的恰恰是作爲「philosophy」本質即「愛」智這一最爲重要的部分。

而且用「哲學」一詞來翻譯「philosophy」，在沒有學習過「philosophy」的人那裡往往會引起誤解，「學」字本來就有學派、學問等的涵義，於是便望文生義地把「philosophy」視作與其他的人文社會科學和自然科學並列的一門學科。如在我們這套「人文社會科學叢書」中，「哲學是什麼」是與「經濟學是什麼」、「人類學是什麼」、「社會學是什麼」、「文學是什麼」等並列在一起的，彷彿哲學就是與其他學科並列的一門學科。

其實，這樣的看法是一種誤解。哲學不是與其他學科並列的一門學科。

當然，我們這樣說並不是硬要把哲學視爲科學的科學，把它看成是什麼太上科學，要凌駕於一切科學之上。我們在此的目的僅僅是要給所謂的「philosophy」正名，了解它的確切的涵義，以便比較準確地理解「philosophy」的性質。其實，根據我們所知道的蘇格拉底對哲學的理解，所謂愛智的外在表現形式是知識。我們都知道，知識是可以分類的，比如在亞里斯多德的時代，哲學即包含著物理學、倫理學和邏輯學這三門學科，這三門學科都應該統屬於「philosophy」或「愛智」的領域。現

在學科的分類更要廣闊得多，但不管如何廣闊，所有那些我們可以叫得出名字的學科如物理學、化學、生物學、數學、礦物學、語言學、社會學、法學、美學、歷史學、考古學等等，也都應該是隸屬於「愛智」的名下，它們都是人類追求智慧的結果。

我們同樣也應該知道的是，智慧是不可分科治學的，是不能分類的。剛剛跨入高等院校學習的學生都知道「哲學系」是與其他的比如「化學系」、「經濟學系」、「中文系」、「歷史系」等等並列的，隨之也就把它看成是一門學科，這起碼是對它的原意的一種莫大的誤解。透過上面的分析，想來大家應該對「philosophy」的性質有了比較準確的了解。總之，「哲學」一詞相對於古希臘哲學來說並不是一個很好的譯名。

但是由於「哲學」一詞在國內已經取得了幾乎一致公認的地位，所以要想用其他的什麼概念來代替它是一件很困難的事情或者說是根本不可能的。因此，我們不得已而在此繼續沿用這一概念，然而我們需要注意的是，在使用「哲學」這一概念的時候，我們必須要清楚它真正的涵義是什麼。也就是說，我們在說「哲學」這一詞的時候，心裡想著的應該是「愛智」。這就有點兒關公「身在曹營心在漢」的味道。但只有這樣，我們才能夠說比較地接近於哲學，才能比較容易地走入哲學的殿堂。

蘇格拉底認為，智慧是神才具有的，而人所能做的是「愛智」。我們都應該知道的是，神顯然不同於人。我們在此無意於分析人與神之間到底有什麼樣的本質差異。然而我們都知道，神是超越的、高高在上的，而人的肉身則始終處在人世間。儘管如此，人卻具有強烈的追求神的智慧的自然傾向。我們無意

73

在此討論宗教神學的思想，所以我們大可把神理解爲智慧本身，祂高高地君臨人間，指導人們去獲取幸福的生活。

智慧是神的。《聖經》「創世紀」也認爲智慧應該是屬神的。「創世紀」說的是神用了六天創造了宇宙萬物，在第六天按照自己的形象造了人。我們要注意《聖經》說，神用地上的塵土造人，然後向人的鼻孔裡吹氣。這就是說，人的軀體來自於塵土，而人的靈則來自神的氣息。這個被造的人是亞當。神感到亞當會寂寞的，於是他趁亞當熟睡時從他肋上去下一塊骨頭與肉結合在一起造就了亞當的配偶，名叫夏娃。神在東方的伊甸開闢了一個美麗的花園，讓亞當和夏娃看管。神對亞當說：「這個園子裡有各種各樣的樹，它們的果子，你都可以吃。但唯有園子中央的那顆智慧樹上的果子你不能吃。因爲吃了那果子，你就必死無疑。」神走後，蛇立刻過來引誘夏娃說：「神說，你們吃了那顆智慧樹上的果子後就會死。其實不一定。神不讓你們吃，是因爲你們吃了那果子後，就會有智慧，使你們眼睛明亮，知道善惡，這樣你們也就會與神一樣了，所以神不讓你們吃。你們可以不理會神的話，盡可以去享受智慧樹上的果子。」由於禁不住蛇的誘惑，夏娃偷吃了智慧果，也引誘亞當去吃。正當亞當快吃完的時候，神回來了。神喊道：「亞當你在哪裡？」亞當答道：「我早就聽見你在喊我，但我們不能出來，因爲我們倆都赤身裸體，無法出來見你。」神知道，他們倆已經偷吃了智慧果，有了智慧，知道自己未穿衣服。人所能具有的智慧就是對自己的思想的自覺或對自己的精神生活的自覺。神因爲人偷吃了智慧果而懲罰人，就把亞當和夏娃逐出了伊甸園，並對亞當和夏娃說，你們不能永生，必定會有死，而且必得終生辛苦勞作，遭受各種苦難。人

獲取智慧所付出的代價就是永遠有痛苦。

人的居所不應該是伊甸園，所以被逐出伊甸園並不是人的不幸。人應該歸屬於屬於自己的居所。與人生相伴隨的種種苦難也不應該視為是神對人類的懲罰，而應看作是賜給人類的最好禮物。試問，如果你根本就不懂得什麼是痛苦，你又何從知道什麼是真正的幸福呢？沒有痛苦也就沒有幸福。痛苦和幸福是一對孿生子，形影相伴，終生不離。在人遭受的種種苦難中，死亡無疑是最大的一種。如果你能夠真正地參透生死關，視死如生，視生如死，生死為一條，那麼你也就能夠克服或超越一切的痛苦和災難了。從無比的痛苦和災難中走出來的人才會真切地體會到巨大的幸福感，才能真正理解什麼才是幸福。從這樣的意義上，我們又可以說，有了智慧我們才有可能知道幸福是什麼。

智慧是屬神的。因為我們偷吃了智慧果而具有智慧。雖然我們因了一種不太正當的方式而具有了智慧，但人的智慧還是不同於神的智慧。因此，還是蘇格拉底說得好，與神的智慧相比，人的智慧簡直是微不足道，毫無價值。我們雖然沒有神的智慧，但追求智慧又是我們的自然傾向。智慧是神的，然而我們又不得不在神的智慧的指引下生活。太陽光是太陽發出的，它不屬於人類中的某一個人，但人類全體卻都在享受溫暖的太陽。沒有太陽，我們的個體生命會消失。正像我們生活在陽光底下一樣，我們也在神的智慧的籠罩之下。

至此，我們看到智慧有兩種，一種是神的智慧，另一種則是人的智慧。哲學所說的智慧是神的智慧，而不是人的智慧。按照蘇格拉底的理解，神的智慧應該是超越的、是無限的、是無所不包的。而人所有的智慧則是有限的，只是關於某一方面

的智慧。我們下面所要分析的就是神的智慧。人追求這種智慧就是力圖從一種無限的、超越的角度來觀看或關注人自身的生活。「不識廬山眞面目，只緣身在此山中。」我們身在此時此世，不可能會對自己及自身所處的世界有全面深入的了解。要對這個世界有全面深入的認識和洞察，我們就必須脫離自身的狹隘性，學會從一種無限和超越的角度或觀點來關照現實世界。這個視角或觀點就是哲學所追求的智慧。

　　這種意義上的智慧，究其實質，就是中國哲學家莊子所說的「道」。道既是日月星辰、山川大地、花草樹木、人類與社會的本源，又是觀照萬事萬物的一種超越和無限的視角或智慧。如果有興趣的話，你們可以抽空讀一讀《莊子》一書，我相信你們一定會很喜歡這本書的。這是一本奇書，書中處處洋溢著中國哲學的智慧。蘇格拉底不是說有神的智慧、有人的智慧嗎？他認爲，在神的智慧面前，人的智慧微不足道。其實，在《莊子》一書中也有這樣的區分。如果你不信的話，你可以翻翻《莊子》一書的〈秋水篇〉，其中有「以道觀之」和「以物觀之」的說法。「以道觀之，物無貴賤。以物觀之，自貴而相賤。」這是說，從「道」的觀點來看，萬物之間是沒有什麼貴賤之別的，但如果從「物」的觀點來看則不一樣，物總是認爲自己是貴的，別的物是賤的。「以物觀之」說的就是人的智慧，「以道觀之」則類似於蘇格拉底所說的神的智慧。

　　「以物觀之」得到的知識是小的知識，是有局限的，更爲重要的是它們是思想衝突產生的原因。你看，儒家和墨家之間的爭論，都以爲自己是對的，對方是錯的，「以是其所非而非其所是，欲是其所非而非其所是」。以自己的觀點來否定別人的觀點。比如我與你辯論，你勝了我或者我勝了你，你一定是對的

我一定是錯嗎？或者說我一定是對的你一定是錯嗎？在這樣的
情況下，即使請第三者來也無法判定誰是誰非。這眞是「此亦
一是非，彼亦一是非」。那麼究竟是誰對誰錯呢？有沒有一個統
一的標準呢？莊子認爲站在「以物觀之」的立場是找不到這樣
的標準的。他指出，在這樣的立場上標準不但找不到，而且只
能使是非紛然雜陳，使人莫衷一是，甚至最後連人究竟是在做
夢還是醒著也在疑問之中。莊子不是講過這樣的一個寓言嗎？
「昔者莊周夢爲蝴蝶，栩栩然蝴蝶也。俄然覺，則蘧蘧然周也。
不知周之夢爲蝴蝶與？蝴蝶之夢爲周與？周與蝴蝶，則必有分
矣，此之謂物化。」此一寓言另有深意在，即人能否提供一個
客觀的標準來劃清夢與醒之間的界線，這一問題是眞正的哲學
問題。似乎至今我們還未能解決這一問題。從這也能看出人的
智慧是有局限的。所以莊子建議我們不要斤斤於人所具有的小
的智慧，應該痛下決心拋棄「以物觀之」的視角，另找出路。

出路何在？其實，莊子早就給我們預設好了答案，這就是
採納「以道觀之」的視野。現在的問題就是究竟什麼是「道」。
莊子認爲，「道」不是思辨的對象，也不是語言所能捕捉到
的，當然更不是感覺的對象。這就告訴我們，我們不能說「道」
是什麼。說這是什麼，有點西方的味道，或現代的味道。說
「道是什麼」有點像蘇格拉底在與人討論問題的味道。我們說
「道」不是什麼，說它是什麼，那麼這也就意味著「道」肯定又
不是什麼。所以說「道是什麼」是從「以物觀之」的角度提出
的問題，這在莊子看來是「小知」或是人的智慧。「道」不可
言說或討論，卻能夠爲人所體會或領悟。我們且看莊子是如何
來描繪「道」的：

夫道，有情有信，無為無形；可傳而不可受，可得而
不可見；自本自根，未有天地，自古以固存；神鬼神帝，
生天生地；在太極之上而不為高，在六極之下而不為深，
先天地生而不為久，長於上古而不為老。

可見，莊子的「道」真有點神秘兮兮，要理解它，你還真
得要費點思量，要求你有很好的根器。相信你有這樣的根器。
莊子指出，道是真實的存在，你可以感受到，卻見不到，觸摸
不到；它是萬事萬物本源，它自己卻不是源自他物的；道在時
空上是無限的，是沒有邊際的。在這裡，「道」顯然有形而上
的性質。

莊子所說的道不但是形而上的，而且也是形而下的，是無
所不在的，存在於萬事萬物之中。

東郭子問於莊子曰：「所謂道，惡乎在？」
莊子曰：「無所不在。」
東郭子曰：「期而後可。」
莊子曰：「在螻蟻。」
曰：「何其下邪？」
曰：「在稊稗。」
曰：「何其愈下邪？」
曰：「在瓦甓。」
曰：「何其愈甚邪？」
曰：「在屎尿。」

總之，道是「無所不在」的。它在一切之上，又在一切之
中。如果說道是一，那麼一即一切，一切也即是一。道是萬事

萬物的源泉，它既是物質的，也是精神的。它既是萬物的根源，當然也是人的本源。而人的偉大是由於他有思想，有智慧，而人的思想和智慧按照莊子的觀點來看顯然是源於宇宙的最高存在，是人得「道」之精華而成的。莊子主張要「以道觀之」，就是要從道或智慧的角度來觀照萬物，那麼這個世界及其中的事事物物就會呈現出不同的意義和價值。莊子認為，儒墨各以自己的是非來否定對方的是非是不對的。如果能「以道觀之」，那麼我們就能認識到，萬事萬物都是「道通為一」的。也正因為如此，我們也就沒有必要強調是非、生死、夢醒、你我等等之間的區別。這些區別都是個人中心主義或人類中心主義的產物，所以我們沒有必要為了某些莫須有的利益而勾心鬥角。「以道觀之」，就能齊生死，一夭壽，而萬物不足以擾亂其心。

由於道既是超越的無限的，又是無所不在的，所以要能真正做到「以道觀之」，就必須既出世而又入世。有人曾經這樣來描寫宋明的新儒家，說它：「不離日用常行內，直到先天未畫前。」其實早在宋明前的莊子就很好地把這兩者結合了起來。這是一種很大的智慧。道是一種智慧，它具有超越性，然它又潛寓於事事物物之中。所以每一事、每一物都有智慧。能夠把這兩者很好地結合起來的典範就是《莊子》一書第一篇中的大鵬鳥。

大鵬鳥「搏扶搖而上」，飛臨九萬里的高空，再從九萬里高空來俯視這個世界。我們所處的物質世界是基礎，但我們的思想、精神不能局限於這樣的物質世界。思想和精神要想獲得真正的自由，就必須超越這個現實的世界，而且不但要超越這個世界，我們還必須提升這個世界，使人的世界一層一層地向上

無限地提升。這樣子提升的理論頂點是莊子所說的「寥天一」。這樣的宇宙頂點並不是實際能夠達到的，而是無限上升的理論上的極限。

　　從這樣的理論上的頂點來觀照我們這個世界，也就是莊子所說的「以道觀之」，即從道的觀點來觀照人間世。道就是超越的無限的智慧。中國現代思想家方東美對於莊子的這一思想有很精到的論述。他常常對有興趣學習哲學的學生們說：「學哲學的人第一課先要請他坐一次飛機。平常由常識看法，吾人生在人間世，但對人間世並沒有充分的了解。甚至生在此世，對世界也不知欣賞只知詛咒，便由痛苦經驗去誤解、詛咒世界，認定它爲荒謬。在飛機上，由高空俯視，所謂黑暗痛苦的世界，卻有許多光明面。我曾經五次在美加交界的大湖區，由兩萬尺以上高空再俯視人間世，看到世界周遭被極美麗的雲霞點著，成爲一個光明燦爛的世界，這種美滿的意象，正如 heaven on earth（天國臨於人間）實現了。」顯然，方東美的這一說法來自莊子的大鵬鳥搏扶搖而上的比喻。於是方東美接著說：「關於這點，莊子很清楚，他的精神化爲大鵬，搏扶搖而上者九萬里，在未上之前，昂首天空蒼蒼茫茫，而一上之後再俯視此世，由時空相對的觀點看來：『天之蒼蒼，其正色邪？』……其視下也，亦如是而已矣。因此人間世亦是美麗的，這可以糾正我們對世界的誤解。尤其今天太空人已經指點出了，吾人在地球上看月亮（尤其中秋節），便以種種詩的幻想去；但是太空人身臨其境，看月亮只是荒土一片。反之，由太空視地球，卻是五顏六色、輝煌美麗。學哲學的人只認識此世之醜陋、荒謬、罪惡，就根本沒有智慧可言。應該由高空以自由精神回光返照此世，把它美化；在高空以自由精神縱橫馳騁，回顧世界

人間，才能產生種種哲學和智慧。」

　　「以道觀之」才能形成寬廣博大的胸懷，才能具有高瞻遠矚的眼光，才能懷抱見微知著的智慧。若如此，這個世界必然具有不同的氣象和意義，我們的人生也必然富有特別的情趣和價值。

　　蘇格拉底就是一個極富智慧的人，因此他對生活有著不同於眾的看法。所以生活對於他也呈現出不同的意義和價值。我們都知道他有個強悍暴烈、性格急躁的妻子，常在家中當著蘇格拉底的面作河東獅子吼。有一次在眾目睽睽的市場上，他的妻子把他的大衣從他的身上硬是扒了下來。又有一次，蘇格拉底的朋友來他家做客，他的妻子不知為了什麼突然大怒，暴跳如雷，無奈之下，蘇格拉底和他朋友們只得離家，可是剛走出家門，她的妻子就從窗戶潑出一桶髒水。如果你碰到此類尷尬的事肯定會暴跳如雷，但蘇格拉底卻很幽默地說：「我剛才不是和你們說過嗎？閃電過後必有暴雨。」試想如果我們的家中有這樣一位妻子，我們該怎麼辦呢？整天吵架？如果是這樣的話，長此以往家將不成其為家，最終不但得不到生活的幸福，而且我們的身體也會因此變壞。離婚？這倒是很乾脆的做法。問題卻在於，離婚之後，如果很不幸，找到的第二位妻子也是性格暴躁強悍的女人，那麼你又該怎麼辦呢？還是離婚？真這樣，那麼你的生活幸福又在何方呢？蘇格拉底與我們不一樣。他既不吵架，也不離婚。他運用哲學家的智慧來看這一棘手的問題。他認為，強悍暴烈、性格暴躁的妻子正好成就了他這一位哲學家，可以迫使他離開家去雅典的大街小巷到處拉著過往的行人討論他極感興趣的哲學問題。所以我們現在還真該感謝蘇格拉底的妻子造就了歷史上這樣一位偉大的哲學家。如果真

是沒有了這樣一位女人，一部西方哲學史可能要大大地變樣。

其實，哲學家的智慧不一定哲學家才具有，有的文學家也是極富智慧的。如俄國作家契訶夫就是這樣的一位。他就曾經說過，幸福的生活並不僅僅意味著娶一個漂亮的女人，中幾十萬元的彩票，有個好人的名聲等等。光有這些是遠遠不夠的。因為這些福分是無常的，所以為了不斷地感覺到幸福，甚至在苦惱、愁悶、痛苦的時候也感到幸福，那就需要從智慧的眼光來看生活。

比如說有很窮的親戚上別墅來找你，那你也不要臉色發白，而且要喜氣洋洋地叫道：「挺好，幸虧來的不是警察。」

又比如說要是你的妻子對你變了心，那你也要感到高興，多虧她背叛的是你，不是國家。

又如，要是你被送到警察局，那同樣你應該感覺到幸福，因為多虧了沒有把你送到地獄的大火裡去。

當火柴在你的口袋裡燃燒起來，那麼你應該感到高興，而且要感謝上蒼，多虧了你的口袋而不是火藥庫在燃燒。

要是你的手指頭扎了一根刺，那你應當感到高興：「挺好，多虧這根刺不是扎在眼睛裡！」

要是你有一顆牙痛起來，也應該同樣地感到高興，幸虧不是滿口的牙都痛起來了。

如此等等，以此類推。契訶夫指出，如果你能用這樣的眼光來看生活，那麼你的生活就會總是歡樂無窮了。

契訶夫的這一段話是對那些企圖自殺的人說的。自殺是由於對生活感到絕望，是由於思想找不到出路，無法解開心理上的死結。為什麼要自殺呢？你完全可以換一種思路來看你的生活。

　　蘇格拉底和契訶夫就是運用哲學的智慧為我們指出了理解生活的新的理路。當在生活中感覺到無窮的苦楚，痛苦萬狀，山窮水盡疑無路之時，你應該企求哲學的智慧，它有足夠的力量使你頓時感覺到「柳暗花明又一村」。

　　可見，幸福生活是需要有智慧之光的指引才能得到。哲學智慧能夠為我們提供一條理解人生的新的思路或新的視角。倘若沒有哲學的智慧，也就沒有人能夠有幸福的生活。哲學智慧是我們的寓所，在這樣的寓所之中，我們才能得到幸福的生活，才能歡享真正的自由。在這樣的寓所中，我們自由自在，我們無拘無束。智慧的特徵是喜悅、歡樂、幸福、愉悅，這種深沈而平靜的喜悅是智慧所結的首要果實。智慧的寓所誰都可以進入，只要你具有哲學的洞見和慧根，智慧滲透於哲學的洞見之中。不錯，智慧是道，是神的特性，但我們人具有追求智慧的自然傾向。如果說道是「無所不在」，那麼智慧應該是屬於人類的財富。其實，一部人類的文明發展史確鑿無疑地告訴了我們，如果人類沒有追求智慧或哲學智慧的無窮的激情和無比的堅毅，我們的世界就不可能繁衍生息直至如今，或者說我們人類根本就不可能有什麼歷史。所以，是歷史告訴了我們，智慧或對智慧的追求在維持著這個世界。智慧是人類歷史發展的「源頭活水」。

　　問題是我們究竟如何才能得到智慧呢？這才是一個帶有實質性的問題，可能也是大家最為關心的問題。是的，我們怎麼樣得到智慧呢？根據西方哲學，我們是肯定得不到智慧的，因為智慧是神的。但你不要因此而灰心，人是神造的，因此人也應該邏輯地或先天地賦有神的某些特性。所以我們並不是生活在智慧之外，我們和智慧之間並沒有一道不可逾越的鴻溝。而

且西方哲人也同樣明白無誤地說，人人都有追求智慧的自然傾向。這也就是說，人在邀請智慧進入自己的內心，在自己的心靈深處營造一個幸福、安詳、靜謐的家。根據中國哲學，尤其是莊子哲學的精神，道或智慧既是超越的，也是內在於事事物物之中的。這倒並不是說，道也內在於事事物物，我們就能不費吹灰之力唾手可得地獲取道或智慧。

怎麼得到智慧或道呢？追求智慧的過程中我們會得到知識，所以我們可以透過知識而接近於智慧。但你要知道，知識只不過是追求智慧過程中的階段性的產品，還不是智慧本身。這就清楚地告訴我們，理性固然是追求智慧的重要工具，但不是唯一的，也不是最重要的。我們要學會運用我們的耳朵去聽，要敞開我們的整個胸懷，運用我們的整個身體、整個心靈、整個的生命去感受、去聽、去探索，即一個人的整個存在都在聽、在感受、在尋找、在探索。

「道」就是智慧，智慧是超越的，智慧也在人間。每一個人的生命中都有道在其中，或者說我們每一個人都生活在道或智慧之中。因此每一個人都可以進入智慧之中。但有人覺悟到道或智慧是他的生命；有人卻執迷不悟，日用不知。這就是覺和迷之間的區別。哲學是幸福生活的藝術，人人都把幸福生活視為目標，但有人得到幸福，有人卻得不到。如果你沒有得到幸福生活這一目標，這就表明你的生活方向有問題，你還沒有自覺到道就在你的生命中，還不能自覺地運用道或智慧來審視你的生活。你沒有體驗到潛寓於你身心中的道或智慧就是你的生活之道。

其實，智慧就是一條道路，所以哲學也是一條道路，是一條既在我們面前無窮地綿延，也在我們身後無盡地伸展的道

路。我們過去是，現在是，將來也必定要行進在這條道路上，只要我們始終把幸福生活看作是我們人生的目標的話。我想海德格是對的，因爲他就曾經說過，哲學是一條道路。他說：「『哲學』一詞現在說的是希臘語。這個希臘詞語作爲希臘詞語乃是一條道路。這條道路一方面就在我們面前，因爲這個詞長期以來已經先行向我們說話了。另一方面，這條道路又已在我們後面，因爲我們總是已經聽和說了這個詞。因此，希臘詞語哲學是一條我們行進於其上的道路。」只要我們在學習哲學，我們就在這條路上行走，所以學習哲學，按照海德格的說法就是「上路」。你做好了「上路」的準備了嗎？如果你已經做好了這樣的準備，那麼就讓我們開始我們的哲學之旅吧？敢問學習哲學之路在何方？路就在我們的腳下。學習哲學的最好的路就是了解哲學史上的哲學家在探索和討論些什麼樣的哲學問題。

柏拉圖學院
Cover illustration: The Academy of Plate, Salvator Rosa, 1662

3. 哲學的問題

　　終不能解決的，除非人類的才力變得和現在完全不同了。宇宙是否有一個統一的計畫或目的呢？抑或宇宙僅僅是許多原子的一個偶然的集群呢？意識是不是宇宙中一個永久不變的部分，它使智慧有無限擴充的希望呢？抑或它只是一顆小行星上一樁曇花一現的偶然事件，在這顆行星上，最後連生命也要歸於死滅呢？這些問題都是哲學所設問的，不同的哲學家有不同的答案。但是不論答案是否可以用別的方法找出來，看來，哲學所提出的答案不是可用實驗證明其真確的。然而，不論找出一個答案的希望是如何的微乎其微，哲學的一部分責任就是繼續研究這類問題，使我們覺察到它們的重要性，研究解決它們的門徑，並維持對於宇宙的思考的興趣於蓬勃不衰，如果我們局限於固定地肯定的知識，這種興趣是很容易被扼殺的。

——羅素

　　羅素（Bertrand Russell, 1872-1970），英國哲學家、邏輯學家，主要哲學著作有《數學原理》（三卷，與懷海德合著）、《哲學問題》、《我們關於外部世界的知識》、《心的分析》、《物的分析》、《西方哲學史》、《人類知識》等，羅素是二十世紀分析哲學的主要奠基者之一。

3.1 哲學問題兼具特殊性和共性

　　我們已經說過，了解「哲學是什麼」的一條最佳途徑就是看看歷史上的哲學家所關心的問題究竟具有些什麼樣的性質。

　　我們在前面曾經說過，「這是什麼？」或「哪是什麼？」這樣的問句形式是哲學的。這樣的發問方式首先是經由蘇格拉底、柏拉圖和亞里斯多德發展起來的。他們經常問的問題就是「美是什麼？」、「善是什麼？」、「勇敢是什麼？」、「正義是什麼？」等等這一類問題。

　　提出了問題，我們就得回答。比如我們要回答「美是什麼？」這一問題。只要你翻翻任何一本美學史的教科書，那麼你就會發現關於「美」的看法是仁者見仁、智者見智。我們暫且拋開關於「美是什麼？」的不同看法，而先來看看黑格爾關於美所下的定義。黑格爾說道：「美是理念的感性顯現。」

　　這一回答實質上是在給美下定義。

　　按照蘇格拉底的看法，定義是由種加屬差來完成的。比如我們要問：「人是什麼？」其實，這一問題說難也難，說不難也不難。人是什麼？人不就是能夠製造和利用工具的動物嗎？且不管這一定義的正確與否。我們關心的是給人下定義的方法。其中「動物」是種概念，它包含著「人」這一概念。而「能夠製造和利用工具」則是屬差。我們都知道這種定義方法的發現應該歸功於蘇格拉底，是他探索哲學問題時經常運用的哲學方法。

　　對於某一問題給出明確的定義並不是一件容易的事，它需

要經歷一個漫長的思想探索過程。如蘇格拉底與當時一個叫做
歐提德穆斯的青年討論「什麼是正直？」便是這樣的一個很好
的例證。有一天蘇格拉底碰到了他的這一位年輕的朋友，他們
也就很隨興地聊了起來。慢慢地話題轉到了「正直」這一問題
上，於是蘇格拉底首先問道：

> 蘇：但是，必然有某些行為真正出於正直，正如出於
> 　　其他職能和技巧一樣。
>
> 歐：毫無疑問。
>
> 蘇：那麼，你自然能夠告訴我那些行為是什麼？出於
> 　　正直的是什麼？
>
> 歐：我當然能夠，而且我還能告訴你出於非正直的是
> 　　什麼。
>
> 蘇：很好，讓我們在相反的兩行中寫出什麼行為出於
> 　　正直，什麼行為出於非正直。
>
> 歐：我同意。
>
> 蘇：好吧，虛偽怎麼樣？虛偽放在哪一行？
>
> 歐：當然放在不正直那一行。
>
> 蘇：欺騙呢？
>
> 歐：放在同一行。
>
> 蘇：偷盜呢？
>
> 歐：也放在那裡。
>
> 蘇：還有奴役吧？
>
> 歐：是的。
>
> 蘇：沒有一樣這類事情可以放在正直的一行嗎？
>
> 歐：唔，要是那樣搞，可沒有聽說過。

蘇：好啦。但是，如果一個將軍必須懲處那極大地危
　　害了他的國家的敵人，他戰勝了這個敵人，而且
　　奴役他。這不對嗎？

歐：當然不能說不對。

蘇：如果他運走了敵人的財物，或者在戰略上欺騙
　　他。這種行為怎麼樣？

歐：噢，自然完全正確。但是，我想你剛才要談的是
　　欺騙或錯待朋友。

蘇：那麼，在某些情況下，同樣的行為就得分寫在兩
　　行裡，是不是？

歐：我想是這樣的。

蘇：好，現在就讓我們來專門討論對待朋友的問題
　　吧。假定一位將軍所統率的軍隊已喪失勇氣，又
　　分崩離析。如果他告訴他們生力軍即將到來，欺
　　騙他們相信他，使他們鼓起勇氣，取得勝利。這
　　種欺騙朋友的行為怎麼樣？

歐：唔，我想我們也得把這個寫在正直的一邊。

蘇：假定一個孩子需要吃藥，可又不肯吃。他的父親
　　欺騙他，使他相信藥是好吃的，哄他吃了，救了
　　他的命。這種欺騙怎麼樣？

歐：那也得歸入正直的一邊。

蘇：假定有人發現一個朋友處於極端瘋狂的狀態，怕
　　他自殺，偷走他的劍。你怎麼看待這種偷盜？

歐：那也得算作正直。

蘇：但是，我想你是說過不能欺騙朋友的吧？

歐：噢，請讓我全部收回。

蘇：很好。但是，還有一點，我想問你。你認為一個
　　有意破壞正直的人比一個無意破壞正直的人更不
　　正直嗎？

歐：哎呀，蘇格拉底，我對我的回答已經失去了信
　　心。因為整個事情已經變得同我原來想像的恰好
　　相反。

　　我們之所以不厭其煩地大量地運用蘇格拉底的對話，本意是要讓我們明白蘇格拉底是如何從特殊的事例中引申出一般的定義的。這種從特殊向一般性的東西過渡的辦法就是我們通常叫做歸納的方法。現在我們也同樣可以清楚地看到，得出定義的方法也是哲學的方法。

　　「這是什麼？」或「那是什麼？」的問句形式是哲學的，對這一問題所給的定義也是哲學的，得出定義的方法也是哲學的。

　　在日常生活中，我們經常看到某些並不熟悉的東西，或者有些東西我們看不清，這時我們就會問道：「這是什麼呀？」比如在春暖花開的季節，我在公園中散步。公園裡當然有各式各樣的樹木，有的是我認識的，有的是我所不認識的。我看到了一棵不認識的樹，於是我就指著它問你：「這是什麼？」你看了那棵樹一下之後告訴我：「那是一棵樹。」我接著問：「那是一棵什麼樣的樹？」你答道：「那是一棵油松。」就上述的問題來說，其主題不是哲學，但其問題的形式卻具有哲學的性質。說這一問題的內容不是哲學的，是因為這樣的問題涉及的是經驗性的內容。它問的是在某一特定的時間和地點我們所看到的某一特定的對象。這一問題的形式卻不是經驗性的。為

什麼呢？我問：「這是什麼？」你答道：「這是一棵樹。」在你的回答中的「這」是經驗性的，是特指某一個東西，而不是任何別的什麼東西。也就是說，「這」具有特殊性。所謂的特殊性是說這種性質只有某一個東西所具有，而任何其他的東西是沒有的。在我們的問題中的「這」是存在於特殊的時間和空間中的。總之，「這」是一個特指的單數，或某一個東西。在你給我的答案「這是一棵樹」中的「樹」的性質卻是很複雜的。它不具有特殊的性質，而是具有普遍性的概念或一個類。既然你用「樹」來回答「這是什麼？」這一問題，那麼「樹」必須是在我們倆之間或在更多的人之間具有都能明白的東西。能夠具有這樣性質的只能是一般性的東西，這就是類或概念（類或概念是有區別的，在此我們不做這樣的區別）。因為「樹」可以用來概括任何一棵是樹的東西。不管是松樹、是楊樹、是柳樹、是樺樹等等，只要是樹，那麼它們肯定是逃不出「樹」的範圍。這真有點像孫悟空逃不出如來佛的手掌。如果說「這」只適用於某一個特定的對象，那麼「樹」卻適用於任何一個只要是樹的對象。這就是說，在你給我的答案「這是一顆樹」中的「樹」具有普遍性，它涵蓋了一切是樹的對象在內。「這」是特殊的，「樹」是普遍的或一般的。透過這樣的分析，我們就能夠清楚地看到，在一個看上去很簡單的日常問題及其答案中就蘊涵著一個十分重要的哲學問題。這個問題就是一般和個別的關係問題。列寧說得對，「從最簡單、最普遍、最常見的東西開始，從任何一個命題開始，如樹葉是綠的，伊萬是人，哈巴是狗等等。在這裡（正如黑格爾天才地指出過的）就已經有辯證法：個別就是一般。這就是說，對立面（個別跟一般相對立）是同一的：個別一定與一般相連而存在。一般只能在個

別中存在，只能透過個別而存在。任何個別（不論怎樣）都是
一般，任何一般都是個別的（一部分，或一方面，或本質）。任
何一般只是大致地包括一切個別事物，任何個別都不能完全地
包括在一般之中等等。」

　　總之，日常生活中的任何一個問題及其答案都包含有一般
和個別這樣的哲學問題在內。

　　我們問：「這是什麼？」的眞實涵義是想知道「這」是哪
一個類的東西或是屬於哪一個領域的。可見，問題本身就蘊涵
著個別和一般的關係問題。有問題就要有答案。針對著「這是
什麼？」的問題，你回答說：「這是一棵樹。」答案也就明確
地揭示出了問題中所蘊涵著的一般和個別的關係。要想知道任
何一個特殊的東西，我們就必須要能夠知道這個特殊的東西和
一般的東西之間的關係。所以，任何一個明確的問題尤其是哲
學問題都蘊涵著一般和個別的關係，要回答問題更尤其要能夠
揭示出一般和個別的關係。明確了一般和個別的關係，我們才
有可能解答任何問題。

　　上述的分析告訴我們，哲學離我們的生活並不遙遠，它就
在我們的生活中，與我們的生活和生命休戚相關。這一分析也
告訴了我們，日常生活中的問題是時時處處都蘊涵著深刻的哲
理。英國哲學家卡爾·波普也持同樣的看法。他指出：「所有
的人，無論是男人還是女人，都是哲學家。假如他們沒有意識
到有哲學問題，他們至少懷有哲學成見。其中大多數成見是他
們未經考察就接受下來的理論：他們從其智力環境或傳統中吸
收了這些理論。」他又說：「所有哲學都必須從可疑的並且常
常是有害的、未經批判的常識開始，其目的是要達到澄明的、
經過批判的意識，達到一種更接近眞理並對人類生活更少有影

響的常識。」哲學問題始終是與人類相伴隨的。我們帶著問題
來到這個世界之上，也帶著更多的困惑離開這個世界。人的本
質似乎在於不斷地提出問題，不斷地思索問題，解決問題。我
們就處於這一無窮無盡的探索思考的過程之中。誠如歌德的
《浮士德》所描寫的那樣，浮士德的內心深處是一顆躁動不安的
靈魂，他永遠處在無窮的探索過程之中，這就是他來到這個世
界的命運。

3.2 語言能否正確地表達哲學問題？

其實對上述的問題，我們還可以做更深入的哲學式的分析
或挖掘。我們在前面早已講過，有思想的人才有問題，沒有思
想的存在不可能提出問題。這就揭示出，問題源於思想，是在
思想中產生的，是我們對外界或我們自己內心的某些現象感到
迷惑不解而形成的。如果你是一個善於用思想的人，你就能進
一步發現一個更有趣也更令人迷惑不解的現象。我們在思想中
形成了問題，就要提出問題，分析問題，解決問題。自己解決
不了，就得求別人的幫助，徵求別人的意見。現在我們想要問
的問題就是，你們是怎麼提出問題的呢？這似乎不應該是一個
問題嗎？我們當然是借助於語言而提出問題。我們也是借助於
語言來分析問題、交流問題的。於是，現在的問題是，我們對
早已習慣了的語言的性質有真正的了解嗎？語言能夠幫助我們
準確地表達問題嗎？語言是否會扭曲我們的問題或是我們想要
表達的對象？透過語言，別人能夠準確地理解我所提出的問題
嗎？……經過研究，很多哲學家認為，我們生活中的很多問題

之所以不能得到解決的一個根本原因就是由於語言，或者說我們生活中或思想中的很多問題就是由於語言引起的。經過對語言的研究和分析，我們或許可以澄清許多問題。這一領域內的問題現在我們不予討論。在此，我們只是想提出些問題來討論。

明白了我們的問題必須經由語言的幫助才能提出、才能討論和分析。那麼下面我們就來分析「這是什麼？」這一類的問題。

讓我們還是回到「這是什麼？」這一問題。

當我們看到一隻鳥，而且還是一隻棕色的鳥的時候。假如我問你：「這是什麼？」你自然會說：「這是一隻棕色的鳥。」我們會當然地認為，我們所看到的就是這隻特殊的棕色的鳥。我們之間的一問一答是借助於語言進行的，這是沒有問題的，但真正的問題卻產生在這個看似沒有問題的地方。這個問題就是，語言能否真正使我們得到外界的這一特定的對象？平時我們不認為這是一個問題，但這確確實實是一個問題。不是我們在此故意聳人聽聞，混淆視聽。我們且先聽聽歷史上的哲學家是怎麼樣來討論這一問題的。

十九世紀末二十世紀初，英國有一個著名的哲學家叫做布拉德雷。他認為，語言並不能幫助我們得到外界的真正的特殊個體。

比如當我看到一隻鳥棲息在樹枝上，我要問「這是什麼？」我必須借助於語言。我要描繪它，我也必須要借助於語言。在這樣的情況下，語言所描繪的對象毫無疑問是特殊的、孤立的。這應該是不會有問題的。但布拉德雷不這樣看。他說，我們絕不可能描繪或談論特殊的或孤立的事件。而且，更有甚

者，他認爲根本就沒有什麼孤立的特殊的事件。英國哲學家瓦爾海姆在〈布拉德雷〉一文中這樣分析布拉德雷的思想說：

> 設想我站在田野裡，看到一隻棕色的鳥，我便說：「這鳥是棕色的。」在這裡，我確實是在描述某種特殊的、孤立的事實。並且在正確地描述它。但是，在布拉德雷看來，事情並不是如此清楚的。因爲有許許多多的鳥，其中有很多不是棕色的，有些是黃色的，有些是黑色的，有些是白色的，有些則具有非同一般的奇異顏色——我的判斷似乎要涉及所有的這些鳥，而對絕大多數的鳥來說，這個判斷是錯誤的，要使這個判斷成爲特殊的並且是真的，我就必須使它用來準指正從頭上飛過的那個現實的鳥。

我究竟能不能做到這一點呢？我們可能會認爲，有一個辦法可以保證所企望的唯一性，這就是在我們的判斷中加上許許多多關於這隻鳥的描述。雖然布拉德雷也承認這些描述會在正確的方向上有所前進，然而它們永遠也不可能把我們帶到目的地。因爲不論我們加上什麼樣的描述，總可能有另一個鳥也適合於我們的描述。因而這個此時此地的鳥並沒有被單獨地挑出來。語言的普遍性乃是我們失敗的原因。（艾耶爾等著《哲學中的革命》）

在布拉德雷看來，要想借助於語言而達到眞正的具有特殊性的對象眞是比上天還難。

這種看法很顯然是與常識不同的。我們原以爲「這是什麼？」問題和「這是一本書」或「這是一隻棕色的鳥」答案中的「這」就是指的眞正具有特殊性的某一特定的個體，但上面的分析告訴我們，這樣的看法是有問題的。而之所以「這」不

具有唯一性或特殊性，根據布拉德雷的看法，問題就是出在語言所具有的普遍性。而我們討論、分析問題又決計離不開語言，這就是人類所面臨的困境。人本身就被包圍在語言這一符號形式之內，我們根本不可能離開語言而生活、而思想，所以我們要想了解人類自身的種種性質，就得研究或了解我們所使用的語言的本質規定性。

我們都知道語言是表達思想或情感的工具，但通常都不曾注意到語言有這樣的一種神奇的性質，即它能夠從根本上改變語言所指涉的對象的性質，使它消除特殊性而具有普遍的規定性。比如當你問「這是什麼？」我答道「這是一枝筆」的時候，我所實際表達的毋寧說是一個完全一般的東西，只要它不是別的東西的話。因為在這一問一答中的「筆」顯然具有普遍性，這應該是沒有問題的。但「這」的本意要表達的是特殊性。然而問題沒有那麼的簡單。因為在語言中的「這」也同樣顯然地可以適用於任何一個東西，所以很奇怪的是，它竟然也可以指涉一切對象了。於是個別也竟然轉換成了一般性的東西了。我說「這是一枝筆」實際上所想要指涉的是我在實際的經驗生活中、存在於某時某地的「屬於某人的筆」。然而，利用語言我們絕不可能達到真正具有特殊性的對象的，除非我們在運用語言的時候再附加另外一些相關的經驗性條件。在此，我們似乎可以進一步得出這樣的結論，即語言所表達的永遠是具有一般性的東西。因此，當我們說「這是一枝筆」的時候，語言所具有的普遍性的性質已把這一表達所指稱的特殊性的東西改變成了某種一般性的東西。除非當我說「這是一枝筆」的時候，又同時用我的手指著某一枝筆，我們就不能用語言來表達真正具有特殊性的對象。

　　上面的分析告訴我們，當我們使用語言來表達某種具有特殊性的對象的時候，語言並不能夠完成只有它才能完成的任務，可見，語言又是一種十分危險的工具。當用它來表達某種具有特殊性的對象時，它卻在悄悄地改變對象的特殊性，使對象蒙上一種普遍性。不管是如何特殊的東西或是轉瞬即逝的東西，只要我們有能力用語言去捕捉到它們，那麼它們也就成為一般的或普遍的東西了。瞬間是短暫的，但語言所捕捉到的「瞬間」卻是永恆的。因此不管你願意還是不願意，語言都將強制地把它所具有的一般或普遍的規定性加之於它所要表達的對象上去。

　　為什麼語言具有這樣的性質呢？羅素曾經指出過：語言「能使我們使用符號來處理與外面世界的關係，這些符號要：(1)在時間上具有一定程度的永久性；(2)在空間內具有很大程度的分立性」。又說：「語言有兩種互相關聯的優點：第一，它是社會性質的，第二，它對『思想』提供了共同的表達方式，這些思想如果沒有語言恐怕永遠沒有別人知道。」其實，羅素所說的兩點可以歸結為一點，即語言具有的社會性質才能使「思想」具有共同的表達形式。總之，語言所具有的普遍性是我們尋找特殊性歸於失敗的真正原因。

　　上面論述的目的在於說明存在於日常生活中的問題及其答案所蘊涵著的哲學涵義。只要我們細心，我們就會發現哲學是無處不在的。說到這裡，我們想起了中國現代著名哲學家金岳霖曾經說過這樣一句名言：「哲理之為哲理不一定要靠大題目，就是日常生活中所常用的概念也可以有很精深的分析，而此精深的分析也就是哲學。」可見，對日常生活中的概念能夠做深入精緻的分析本身就是哲學。

　　我們說日常生活中的問題及其答案經過仔細的分析可以發現蘊涵在其中的哲學意義。至於哲學史上哲學家所討論的那些問題當然更應該是哲學問題。不僅這些問題的形式是哲學的，它們的主題也是哲學的。如蘇格拉底、柏拉圖等哲學家所常常討論的那些問題：「美是什麼」、「善是什麼」、「眞是什麼」、「正直是什麼」、「勇敢是什麼」、「正義是什麼」、「理念是什麼」等等，我們一眼看上去就清清楚楚地知道這樣的問題是哲學家應該討論的問題。

　　爲了眞正了解「美是什麼」、「善是什麼」、「正直是什麼」這些問題的性質，我們應該把這些問題與「什麼是善的」、「什麼是美的」、「什麼是正直的」等問題加以區別。而爲了要說清楚「什麼是善的」、「什麼是美的」、「什麼是正直的」等問題的性質，我們還得進一步把它們與如下這樣的問題區別開來。這樣的問題是：「請你看看，那邊有一個什麼東西？」你看了一下說：「噢，那邊是一隻貓。」有人認爲這樣的問題是經驗性的。因爲這一問題是在特殊的時間和特殊的空間中提出的，而且提出這一問題者也是某一特殊的人，在提出這一問題時他也在特定的地點，被詢問的對象也是特殊的，被看見的那個對象也是特殊的。在一定的時間和空間內，它在這裡，過一段時間之後，它可能轉移到別處去了。總之，這一問題是經驗性的，具有無可否認的特殊性。

　　但只要你還記得我們在前面的討論，那麼你就能清楚地記得，這樣的問題並不就是完全經驗性的或完全特殊性的。詳細的理由我們不在此處討論。我們在此所需要提醒的是，這一問題已經包含著非經驗性的東西在裡邊。布拉德雷的分析也提醒著我們，如果想利用語言要達到眞正的特殊性不能說是癡心妄

想，那麼也可以說是徒勞無益的。總之，這樣的看似完全經驗性或特殊性的問題已經在向一般或普遍轉化。當然這樣的轉化還未完成。現在的問題是這樣的問題與「什麼是美的」、「什麼是善的」、「什麼是正直的」等問題的區別在什麼地方呢？

我們問「什麼是美的」、「什麼是善的」、「什麼是正直的」等等問題是想知道：

第一，「什麼具有美的屬性或善的屬性或正直的屬性等」。顯然一個對象只有具有了美的屬性、善的屬性或正直的屬性之後，我們才能說它是美的或是善的或是正直的。

第二，「什麼」是美的或善的或正直的，「什麼」的真正涵義是說，是「這」是美的或是善的或是正直的，還是「那」是美的或善的或正直的，或者是第三者是美的或善的或正直的等等，在這樣的問題中，重要的是我們必須做出選擇，說什麼是美的或是善的或是正直的。我們由於不能確定什麼是美的或什麼是善的或什麼是正直的，所以有不同的看法，發生了爭執。如我看一幅畫，甲說：「它很美。」乙卻對之不屑一顧。如果他們倆彼此不認識，看完了也就分道揚鑣。如果他們是朋友，免不了就得交流。如果交流的話，那麼他們就得發生爭論。因為對這幅畫，他們有截然不同的看法。他們之間所以發生爭論的真正原因在於他們對美的看法有質的差異。如果他們對「什麼是美的」有完全相同的看法，就不會有什麼爭論。如果他們對美的看法大同小異，那麼兩人之間不可能有大的爭論。所以重要的是要解決美是什麼或具有美的屬性的對象應該是怎麼樣的。這就是說，解決這樣的爭論的辦法就是尋找一個標準。在當前的境遇中，就是要能說明「美是什麼」。我們可以清楚地看到，如果有這樣的問題發生，重點不在「什麼」，而在

什麼是「善的」或「美的」或「正直的」。只有真正知道了美的屬性是什麼或善的屬性是什麼或正直的屬性是什麼後，我們才能說什麼是美的或是善的或是正直的。

第三，於是我們又不得不回到第一點，即美是什麼、善是什麼或正直是什麼這樣的問題來了。根據這樣的分析，我們不能說「什麼是美的」或「什麼是善的」或「什麼是正直的」問題完全是經驗性的。比較正確的說法是，這樣的問題既具有經驗性又具有非經驗性的一面，是處在從經驗性向非經驗性的過渡的過程中。如果把這樣的問題看成是完全經驗性的，那麼我們也就割裂了美、善、正直與具有美的屬性或善的屬性或正直的屬性事物之間的關係。真是這樣的話，我們也就永遠不可能真正懂得什麼是美的或什麼是善的或什麼是正直的。可見，我們必須承認，「什麼是美的」、「什麼是善的」、「什麼是正直的」等這樣的問題不是完全是經驗性的，而是同時兼有經驗性和非經驗性。

現在我們回到「美是什麼」、「善是什麼」、「正直是什麼」等這樣的問題。

我們下面就來看看哲學家到底討論哪些哲學問題。

3.3 哲學家究竟關注哪些問題？

在了解哲學家的問題之前，我們且先看看羅素是怎麼來給哲學定位的。

他說：哲學，就我對這個詞的理解來說，乃是某種介乎神學與科學之間的東西。它和神學一樣，包含著人類對於那些迄

今仍為確切的知識所不能肯定的事物的思考；但是它又像科學一樣是訴之於人類理性而不是訴之於權威的，不管是傳統還是啟示的權威。一切確切的知識——我是這樣主張的——都屬於科學；一切涉及超乎確切知識之外的教條都屬於神學。但是介乎神學與科學之間還有一片受到雙方攻擊的無人之域；這片無人之域就是哲學。

「哲學是什麼？」羅素答道：介乎神學和科學之間的一片「無人之域」便是哲學。我們曾經說過，哲學的主題是人，哲學的任務是探求人類究竟是如何獲得幸福生活的。而現在羅素竟然說，哲學是一片「無人之域」。其實這兩種說法並沒有什麼矛盾。羅素說，哲學是一片「無人之域」是在向我們描繪哲學的尷尬處境。哲學沒有科學和神學所具有的優點，科學有確切性，神學有超乎知識之外的教條。哲學有什麼呢？哲學既沒有知識的確切性，也沒有什麼訴諸信仰的教條，它所具有的就是那些似乎永遠無法給予確切答案的問題。由於哲學被拋入了這種尷尬的處境，所以不知情的人們當然會對哲學表現出極大的冷淡和蔑視。哲學又有什麼用處呢？科學所具有的確切知識能夠給人們的生活帶來實用的後果，神學的教條能夠滿足人們的心靈對永恆的追求。人們往往從實用的角度來衡量一切學術的意義或價值，正因為如此，哲學也就成為了無人過問的「無人之域」。

但是哲學問題又恰恰是思辨的心靈最感覺興趣的最普遍且最重要的問題，而這些問題又是科學所不能回答的問題。神學雖然也對哲學家感覺興趣的問題表現出了極大的熱情，但它基於教條的答案現在也遭到了人們普遍的懷疑。既然是問題，那麼這些問題的存在也就有其合理性；既然是問題，那麼它們就

有可能有自己的答案。我們不能回答或解決這些問題，我們不能因此就否認這些問題。人類迄今不能回答這些問題的歷史事實不能成為我們迴避或饒過這些問題的充足理由或根據。我們絕不能採取鴕鳥政策，將自己的腦袋放進沙堆裡，對這些問題不理不睬。我們不能回答這些問題清楚地表明了人類至今還不具備回答這些問題的能力或知識，並不能說明這些問題不重要，相反，在漫長的人類歷史中，那些最為優秀的心靈始終不渝地尋找答案的歷史表明這些哲學問題是人類迫切要求解決的問題。我們要能夠揭開人類歷史之謎，就必須尋求這些問題的答案。

　　那麼哲學家所思考的哲學問題到底有哪些呢？

　　我們先來看看那本暢銷全球的哲學通俗讀物《蘇菲的世界》。此書一開頭所提出的兩個最大、最普遍、最重要的問題便是「你是誰？」和「世界從何而來？」。「你是誰？」、「我是誰？」和「人是什麼？」的問題是等值的。你和我和其餘的人類都生活在這個世界上，所以我們急於要回答的問題也就當然是「你是誰？」和「世界從何而來？」這兩個問題了。這兩個問題使蘇菲感到困惑，使她焦躁不安，她急於要尋求這兩個問題的答案。於是，這兩個問題引領著蘇菲逐漸地進入哲學的殿堂。連自己是什麼都搞不清楚，連自己生活在其中的世界的性質都搞不清楚，那麼人生還有什麼意義呢？不想探求這樣重要的哲學問題的人，他的人生顯然是毫無價值和意義可言的。當然，哲學的問題不僅僅是這兩個。

　　羅素在其《西方哲學史》的「緒論」中把哲學史上所出現的重大問題概括為如下幾類：

世界是分為心和物嗎？如果是這樣，那麼心是什麼？物又是什麼？心是從屬於物的嗎？還是它具有獨立的能力呢？宇宙有沒有任何的統一性或目的呢？它是不是朝著某一個目標演進呢？究竟有沒有規律呢？還是我們信仰自然律僅僅出於我們愛好秩序的天性呢？人是不是天文學家所看到的那種樣子，是由不純粹的碳和水化合成的一塊微小的東西，無能地在一個渺小而又不重要的行星上爬行著呢？還是他是哈姆雷特所看到的那種樣子呢？也許他同時是兩者嗎？有沒有一種生活方式是高貴的，而另一種是卑賤的呢？還是一切的生活方式全屬虛幻無謂呢？假如有一種生活方式是高貴的，它所包含的內容又是什麼呢？我們又如何能夠實現它呢？善，為了能夠值得受人尊重，就必須是永恆的嗎？或者說，哪怕宇宙是堅定不移地趨向於死亡，它也還是值得加以追求的嗎？究竟有沒有智慧這樣一種東西，還是看來彷彿是智慧的東西，僅僅是極精練的愚蠢呢？

當然，我們不能說，羅素所陳列的這些問題是歷史上哲學家所思考的所有的問題。但是，它們確實是哲學研究領域中很重要的問題。你說，上述的那些問題是科學家在科學實驗室能夠加以解決的嗎？答案似乎是清楚的，不能！羅素也正確地指出，神學曾經信誓旦旦地宣稱，它們能夠對於這些問題給出令人信服的答案，但這些問題給出的答案是基於信仰，而不是基於理性。而上述的問題是理性的問題，理性的問題只有理性才能解答。「正是它們的這種確切性才使近代人滿腹狐疑地去觀察它們。」可見，歷史表明了，科學和神學都不能解決這些問

題。難道說，哲學家們能夠解決這些問題？當然不是，起碼是現在還不能夠解決它們。但是尋求解決這些問題卻是哲學家的真正「業務」。

哲學問題有些什麼特性呢？

首先，哲學問題是最基本的問題，是最普遍的問題。尋求哲學問題的答案，是我們解決或探索其他問題的先決條件。比如，羅素在上面所提出的第一個問題，即世界是分爲心和物嗎？如果是，那麼什麼是心，又什麼是物？心是從屬於物的呢？還是它具有獨立的能力？這是一個很重要的哲學問題，或者說是最基本的哲學問題。恩格斯在《路德維希‧費爾巴哈和德國古典哲學的終結》一書中指出：「全部哲學，特別是近代哲學的重大的基本問題，是思維和存在的關係問題。」恩格斯把思維和存在或心和物何者爲第一性的問題看作是哲學的最重要的問題提出來，並把它作爲在哲學上劃分唯物主義和唯心主義的兩大基本派別的唯一標準。爲什麼說這一哲學問題是最基本的呢？因爲對這一問題所給的答案決定著我們對其他問題的態度。比如說，你堅信世界不是物質的，而是神或上帝創造的，那麼你就會隨之否認世界的規律是客觀的，而完全是神創造的。如果你認爲，世界是物質的，隨之你也會主張物質運動規律的客觀性。又比如思維和存在的關係問題還有另一層涵義，即我們關於我們周圍世界的思想對這個世界本身的關係是怎樣的？我們的思維能不能認識現實世界？有的哲學家認爲，我們能夠認識我們周圍的世界，我們的認識能力具有能動性。有的哲學家則認爲，我們根本就沒有能力認識外在的世界。但我們能否認識外在世界是以我們是否承認外在世界即以哲學基本問題爲前提的。

　　我們說，世界是分心和物的嗎？心和物又是什麼關係？這樣的哲學問題的基本性也是因為這一基本問題決定著我們對人生的基本看法。如果你認為世界是分為心和物的，並且進一步指出，是心或精神決定著物，那麼你可能會站在基督教的立場上，虔誠地信仰這個世界是上帝創造的，相應地你也就會認為人生的意義或價值歸根結底是由神所規定的。相反地，如果你堅信世界是物質的，物質是運動的，運動是有規律的，你就會站在唯物主義的立場上，那麼你的人生觀也就是唯物主義的，是無神論的。顯然，從有神論或無神論的觀點來看世界，那麼這個世界必然會呈現出不同的意義或價值。

　　其次，哲學問題由於具有基本性和普遍性，所以不是經驗性的。具有經驗性的問題既能為經驗所證實，也同樣能為經驗所否證。比如這樣的問題：「你看看教室裡有沒有一張桌子？」你看了一下之後說：「有。」在某時某地某教室裡有一張桌子是一經驗事實。關於這樣的經驗事實的問題也就當然是經驗性的。現在教室裡有一張桌子，過了幾天你再去看，恐怕那張桌子就沒有了。所以關於教室裡究竟有還是沒有桌子的問題是完全可以由經驗來證實的。但哲學問題不是經驗性的問題。比如你看見一朵花是美的，你又看到另一朵花也是美的。這一朵花、那一朵花是特殊的、經驗的。所謂特殊的或經驗的就是說它們是一去不復返的。但「美的」這一屬性卻不僅可以用來描述上述的花朵，也同樣可以用來描述所有其他的「美的」花朵。所以「美的」這一屬性具有普遍有效性。這樣的普遍有效性顯然不是隨著特殊的花朵的存在而存在，消失而消失的。它具有超越經驗性的特點。哲學家們喜歡把「美的」這樣的屬性稱之為先驗的。

　　如果你去藝術博物館看到一件很美的藝術品，使你留連忘返、歎爲觀止，你會不住聲地說：「這件藝術品眞美！」可能你急於要把自己所得到的美的感受告訴他人秘密，可是，你的朋友對你所得到的美的感受並沒有同感，顯得無動於衷，這就是說，他認爲這件藝術品並不美。藝術品是同樣的一件，但它給人所帶來的感受卻不一樣，這是爲什麼呢？這是因爲人們對美的看法不一樣。於是，人們爭論的不再是這朵花美不美、那朵花美不美這樣經驗性的問題，而是「美是什麼？」這樣的基本問題。

　　回答「美是什麼」的問題無疑不能運用經驗的事例。因爲你所可能列舉的經驗事例永遠只可能是特殊的，是部分的，而「美」卻是普遍的概念，它不僅適用於一切美的花朵，而且也同樣適用於一切美的事物。如果你要向人講解「2＋2＝4」這一算術公式，你無須列舉無數的經驗事例，因爲這樣的經驗性的事例是列舉不完的。你所要做的就是舉一兩個經驗性的事例來使人們明白這道算術公式的具體涵義。這一算術公式是普遍的。人們理解這一算術公式可能需要有經驗事例的幫助，但一旦明白了它的意義之後，人們就會認識到再列舉經驗事例就是多餘的了。我們得到「2＋2＝4」這一公式可能要依賴於經驗事實，但它的正確性不依賴於經驗事實。「美」這一概念與這一算術公式一樣，我們不能訴諸於經驗事實來求得「美」是什麼的答案。於是，很多人認爲「美」是先驗的。

　　說一個命題是先驗的，是說它雖然源於經驗的，但卻既不能爲經驗所證實，也同樣不能爲經驗所否證。可以說，哲學史上的問題絕大多數都是些這樣的問題。

　　這也就能很好地說明，爲什麼哲學問題不能以具有確切性

的知識形式出現。

　　需要注意的是，當說哲學問題都是些先驗性的問題時，我們並不是說哲學問題與經驗世界毫無關係，這顯然是不對的。如果說哲學問題完全與經驗事實無關，那麼這種毫無經驗內容的東西又怎麼可能來指導我們的生活呢？在前面我們已經講到過，哲學問題源於日常生活，哲學就是指導生活的藝術或智慧，所以哲學問題的「源頭活水」就是我們的日常生活。離開生活，我們就不可能有哲學。說哲學問題是先驗的，並不是說它們與經驗毫無關係，而只是說，哲學問題雖然源於生活經驗，但我們不能僅僅停留在經驗生活的層面上來理解、分析和解決哲學問題。這就是說，所謂的先驗是先於經驗，又不脫離於經驗。說它們不脫離於經驗是說哲學問題是源於經驗的，說它們是先驗的是說它們的答案或正確性不依賴於經驗。說哲學問題是先驗的，但它們的先驗性恰恰又只有在對經驗生活的解釋或理解上才能表現出來。康德是對的，他曾經這樣說過：「雖然我們的一切知識都以經驗開始，但是並不能說一切知識都來自經驗。」記得羅素也曾說過同樣的話，他說：「我們不但承認一切知識都是由經驗中抽出來的，被經驗所造成的，同時，還應該承認有些知識是先驗的，意思是說，叫我們去思考它的那種經驗並不足以證明它，而僅僅是使我們注意到我們可以無需任何經驗上的證明就能明瞭它的真理。」

　　哲學問題源於日常生活，所以它們是經驗性的。哲學卻是具有思想的人類思維活動的產物，是人對自身及外在世界的系統的看法。人是有理性的動物，有進行抽象思辨的能力，所以人類不滿足於日常經驗性的生活，要求超越經驗性的東西而達到對一般的或普遍的東西的把握，這就是先驗性的東西的源

頭。

　　由於哲學問題本身的基本性和普遍性以及哲學問題本身的先驗性的特點，於是我們可以很容易地發現，在漫長的哲學史上哲學問題幾乎是沒有統一的說法，真可謂仁者見仁，智者見智。於是乎，出現了這樣的現象，我們現在討論的問題幾乎就是古代哲學家認真探索的問題。正是在這樣的意義上，懷海德說，一部西方哲學史就是對古希臘哲學家柏拉圖哲學思想的註腳或說明。哲學家們對同一哲學問題往往有不同的甚至是尖銳對立的意見。

　　下面我們想舉一個哲學史上一個最古老的哲學問題作爲個案做些分析，第一，看看歷史上的哲學家究竟討論些什麼有趣的問題，竟然使人類歷史上最傑出的心靈對之神魂牽繞，如醉如癡，聚訟不已；第二，讓我們仔細地看看哲學問題到底具有什麼樣的特性。

3.4 哲學問題的個案分析

　　我們究竟是怎麼樣認識我們生活於其中的外在世界的，這是個最古老的哲學問題。歷史上探討這一問題的哲學家不乏其人，但我們想以羅素作爲代表，理由是，第一，羅素的哲學思想的主題就是這一問題，這是他本人反覆加以說明的，他的絕大部分哲學著作都是力圖解決這一哲學問題的；第二，羅素似乎是歷史上最後一個探討這一古老哲學問題的哲學家，他之後的分析哲學家幾乎是不討論這樣的哲學問題的；第三，羅素曾於二十世紀二〇年代來華講學，其演講可以概括爲五大類：

「哲學問題」、「心之分析」、「物之分析」、「數學邏輯」和
「社會結構學」。前四講的主題是哲學。前四講中的「數學邏輯」
是關於哲學方法論的，其他三講則是哲學的，這三講的主題就
是探討我們究竟是如何認識外在世界這一古老的哲學問題的。

　　在前面我們曾經以羅素的《西方哲學史》一書中所列舉的
哲學問題來說明哲學家到底在討論些什麼樣的哲學問題。我們
曾提醒讀者不要以為羅素所提出的問題已經概括盡了所有的哲
學問題。不是的。其實，羅素所提的那些哲學問題主要是圍繞
著認識論或圍繞著「真」這一問題的。可以說，「求真」是羅
素哲學思想的真正主題。也是在這同一本書的末尾，羅素對真
與善的關係做了詳細的分析和論說。他如是說道：

　　　　哲學在其全部歷史中一直是由兩個不調和地混雜在一
　　起的部分構成的：一方面是關於世界本性的理論，另一方
　　面是關於最佳生活方式的倫理學說。這兩部分未能充分劃
　　分清楚，自來是大量混亂想法的一個根源。從柏拉圖到威
　　廉·詹姆士，哲學家們都讓自己的關於宇宙構成的見解受
　　到了希求道德教化的心思的影響：他們自以為知道哪些信
　　念會使人有道德，於是編造了一些往往非常詭辯性的理
　　由，證明這些信念是真的。至於我，我根據道德上的理由
　　和理智上的理由都斥責這類偏見。從道德上講，一個哲學
　　家除了大公無私地探求真理之外利用他的專業能力做任何
　　其他事情，便算是犯了一種變節罪。如果他在進行研究之
　　前先假定某些信念的不拘真假總歸是那種促進良好行為的
　　信念，他就是限制了哲學思辨的範圍，從而使哲學成為瑣
　　碎無聊的東西；真正的哲學家準備審查一切先入之見。假

如有意識或無意識地給追求真理這件事加上什麼限制，哲學便由於恐懼而癱瘓，為懲罰吐露「危險思想」的人的檢查制度鋪平道路——事實上，哲學家已經對自己的研究工作加上了這樣的檢查制度。從理智上講，錯誤的道德考慮對哲學的影響自來就是大大地妨礙了進步。我個人不相信哲學能夠證明宗教教條是真理或不是真理，但是自從柏拉圖以來，大多數哲學家都把提出關於永生和神存在的「證明」看成了是自己的一部分任務。他們指責了前人的證明——聖托馬斯否定了聖安瑟倫的證明，康德否定了笛卡兒的證明——但是他們都提出了自己的新證明。為了使自己的證明顯得有根據，他們曾不得不曲解邏輯、使數學神秘化，冒稱一些根深柢固的偏見是天賜的直覺。這一切都被那些把邏輯分析當作哲學的主要任務的哲學家否定了。

羅素認為，他當時正在討論的那個問題即「我們究竟如何才能認識外在世界」的問題就是一個「求真」的問題。他這樣問道，世界上有沒有一種如此確切的知識，以至於一切有理性的人都不會對它加以懷疑呢？他自己回答道，這是一個哲學上最困難的問題中的一個。他指出，在日常生活中，我們認為許多事物是千真萬確的，但是仔細觀察，就可以發現原以為確鑿無疑的事物卻充滿著種種的矛盾，所以只有經過哲學的思考才能使我們知道什麼才是真正可以相信的。那麼我們能夠相信些什麼呢？或者說我們究竟怎麼樣透過哲學的思考才能使我們知道我們究竟該相信什麼呢？

3.4.1 現象桌子與實在桌子

在《哲學問題》一書中，羅素指著眼前的桌子開始了他的探討。無獨有偶，他在來華所講的「哲學問題」的演講中也是從眼前的一張桌子開始他的哲學討論的。羅素對桌子所做的分析在當時的中國有相當的影響。

現在就讓我們看看羅素是怎麼樣來分析眼前的這張桌子的。在日常生活中，對於桌子我們真是「日用不知」、「習焉不察」，我們確信我們是真正地知道桌子的。但羅素並不這樣看。他指出，我們自以為確信無疑的地方，卻充滿著種種疑慮和困惑。不信，就讓我們看看羅素是怎樣分析桌子的。

讓我們把眼光集中在我們隨處都能夠看到的桌子上。看起來，它是長方形的、棕色的、有光澤的；摸起來，它是光滑的、冷的、硬的；敲它的時候，它就發出木器的聲響。上述對桌子的種種感覺似乎是適用於任何一個看見過桌子的人，對此不會有任何的人會產生什麼疑問。然而羅素並不這樣看問題。他指出，問題就出在人們以為沒有任何疑問的地方。

比如說，桌子的顏色。從不同的角度來看這張桌子，它的顏色似乎顯得稍有不同。反光的部分看起來則要比其餘的部分要顯得明亮些，而且由於反光的緣故，某些部分看起來是白色的。進一步，假如你挪動身體的話，那麼反光的部分便會不同，於是桌子的顏色的分布也會有所不同。所以，假如幾個人同時看同一張桌子的話，就不會有兩個人所看到的顏色恰恰是一樣的。在正常的光照條件下，棕色的桌子呈現為棕色，但在傍晚或在不同的光線之下，桌子的顏色會有所變化。而在黑夜，我們則看不見桌子有什麼顏色。現在的問題是，到底哪一

種顏色是桌子本身所具有的？從不同的觀點去看，桌子就顯出不同的顏色。那麼我們有什麼權力認為某一種顏色便是桌子本身所具有的呢？在透過這樣的分析之後，羅素認為，所謂的桌子的顏色不是某種為桌子所固有的東西。那麼我們所看到的桌子的顏色是一種具有什麼性質的東西呢？羅素指出，人們通常所說的桌子的顏色是某種同時依賴於桌子、觀察者以及光線投射到桌子的方式而定的東西。

　　就是談到桌子的形狀也是充滿著種種令人不解的困惑。我們習慣於認為，桌子是具有一定的幾何形狀的。比如說，某一張桌子是正方形的，就認為它在任何時候任何地點都是正方形的。羅素指出，人們所以具有這樣的看法全然是由於他們不習慣於做深入細致的分析或思考的緣故。但是事實上，事情並不是這樣的簡單。因為，我們都有這樣的經驗，就是從不同的角度看同一的東西，其形狀是不同的。如從與桌面同樣的水平的角度來看桌子的平面，我們會看到桌子的面只呈現出一條線。但如果你從桌子的正上方來看，那麼你所看到的則是規規矩矩的正方形。如果現在你換了個角度，從側上方來看桌子，那麼它似乎具有兩個銳角和兩個鈍角。離你近的一邊顯然要長於離你較遠的那一條邊。你認為這張桌子是方的，而且經驗也告訴了你在任何的情況下，這張桌子都應該是正方形的。但是事實上，並不是如此的，因為我們從不同的角度所看到的桌子確確實實具有不同的形狀。那麼現在的問題還是老問題，即究竟哪一種形狀是桌子本身所具有的呢？你說桌子是方的，但從其他的角度我們所看到的桌子並不是方的。

　　我們再來聽桌子的聲音。當我們用手指有節奏地敲打桌面的時候，桌子就會發出一定的同樣有節奏的聲響。我們不敲，

就聽不到聲響；敲得輕，聲響就小，敲得重，聲響就大。似乎聲響也並不是桌子本身所具有的。而是桌子、敲打者共同形成的。聲響的大小取決於你所敲打的力度。

當觸摸桌子的時候，我們自然會有某種觸覺。我們在這方面的感覺經驗是很豐富的，我們當然也就很自信地認為桌子是硬的。但是我們沒有想到，我們所獲得的觸覺也同樣取決於我們加給桌子的壓力。於是，由於壓力的不同，也由於我們究竟用我們身體的哪一部分與桌子接觸，我們所得到的觸覺也就不一樣。這樣，我們也就不能輕易地認為，桌子本身是硬的。

我們還可以從其他的方面來分析觀看我們面前的這張桌子。但是上面的分析已經充分地表明了，我們確信是桌子所具有的種種性質似乎並不是桌子本身所具有的。這裡就出現了哲學史上的一個很古老的問題。這就是，我們認為桌子是正方形的、是棕色的、是有硬度的，如此等等。只不過桌子「看」上去並不是棕色的，從不同的角度「看」，桌子就有不同的形狀，用不同的力度敲打桌子，桌子就有不同的聲響。於是，問題似乎變成了這樣的，即我們所看到的、所聽到的、所觸摸到的桌子是不同於實際上的桌子。用哲學的術語講，所看到的、所聽到、所觸摸到的桌子，叫做現象桌子，而我們認為實際上應該具有什麼性質的桌子叫做實在桌子。

經過羅素這樣的分析，我們眼前的這「一」張桌子也就變成了「兩」張桌子。那麼這兩張桌子到底又具有什麼樣的關係呢？

眼前的這張桌子想不到會給我們帶來如此之多的麻煩，這真是有點出乎意料之外。其實，能給我們增添麻煩的不僅僅是桌子，而是透過我們的感官所觀看到的一切都必然會給我們帶

來不少的麻煩。桌子離我們太近了，所以它給我們帶來了不少的麻煩。好，我們可以不去管桌子，而是來看看離我們似乎最爲遙遠的太陽吧。

　　天文學知識告訴我們，太陽離地球的平均距離是一億四千九百六十萬公里。根據光速，光從太陽這顆球體到達地球的時間約需要八分鐘，這似乎已經成爲了科學的常識。這些數字告訴我們，我們當下所見到的太陽不過是八分鐘之前的太陽。如果七分鐘前太陽已經沒有了，但是我們還是能夠清清楚楚地看到太陽在我們的頭上放射出光芒。明明是已經沒有了太陽，但是我們還是能夠清清楚楚地看到太陽。這似乎是荒唐至極的事情。然而科學知識告訴我們，這應該是眞實的事情。這就是說，我們當下所看到的太陽是八分鐘前的太陽，我們所看到的太陽並不是那顆向我們發出耀眼光芒的球體。這就清楚地揭示出這樣的一個無情的事實，即我們所看到的並不就是實際上存在的。所以問題還是老樣子，即我們所看到的太陽與實際上的太陽之間是有差異的，兩者並不就是一個東西。那麼，這兩者之間到底是一種什麼樣的關係呢？

　　更有甚者，我們所知覺到的太陽的「明亮的」、「圓的」、「熱的」等等屬性，根據羅素在其《人類的知識》一書中的說法也不歸屬於那顆物理學意義上的太陽。羅素的這一說法也有科學上的根據嗎？

　　自然科學告訴我們，色、聲、味等並不存在於自然界中，而是一定的物理、化學物質的特性作用於生物體的感覺器官而產生的感覺效果。自然界實質上是一個無色、無光、無聲、無味的沈寂的自然界。這是一幅實在令人感到不愉快的自然圖景。然而這是事實。自然界無聲、無光、無色、無味，但它卻

充滿著電磁波和各種不同的化學性質的氣味分子或化學元素。物體本身反射出不同波長、不同頻率的電磁波，電磁波作用於感覺器官，然後這種刺激透過視覺器官的一系列複雜的生理變化過程，再由內傳神經傳達到大腦，其結果便是在視覺中樞呈現為顏色。

自然物體也無所謂抑揚頓挫的聲音，而只是震出各種不同頻率的空氣波。這些空氣波透過聽覺器官的生理轉化過程之後，經由神經系統傳達到大腦，其結果返回到聽覺中樞才轉化為能夠感覺到的聲音。自然界不存在任何的聲音，但卻充滿著電磁波，收音機把電磁波轉化為聲波，人體的聽覺器官又把聲波轉化為聲音。於是，正是借助於收音機，我們就能聆賞到八方之音。

同樣的道理，物體本身也無所謂氣味或滋味。所謂有味的物體只散發出各種不同的化學性質的氣味分子或化學元素，它們引起嗅覺器官的一系列複雜的生理變化，才能夠被我們感覺為不同的氣味和滋味。離開我們的感覺器官，就自然本身而言，既無所謂香，也無所謂臭；既無所謂甜，也無所謂苦；……

上述的科學知識告訴我們，羅素的看法是正確的。這樣，當我們說「太陽是明亮的、熱的、圓的」時候，我們就在有意無意之間把原來不屬於太陽的性質歸屬給了太陽。

電磁波、空氣波和物體所散發的各種化學元素都是物質微粒的運動方式，它們遠遠不是我們天然的生理感官所能達到的可感領域。物質微粒及其運動形式本身不是我們的感官所能直接接觸到的，它們作為一種外界刺激作用於我們的感官，我們只能透過感官，在接受這種刺激後所引起的變化和產生的結果

而間接地感知它們。我們的眼睛所看到的只是顏色，耳朵所聽到的只是聲音，鼻孔所嗅到的只是氣味，我們的感官並沒有直接地告訴我們這些就是電磁波、空氣波等等。我們之所以得知我們的感覺對象為電磁波、空氣波等，並不是感官的直接感知，而是為科學的推理所揭示的。事實上，我們所直接感覺到的乃是電磁波、空氣波等在我們的感官上的作用而引起的變化和產生的結果，並不是電磁波、空氣波等本身。

3.4.2 現象與實在之間種種可能的關係

歷史上的許多哲學家和科學家都認為，感覺對象與實在的事物並不就是一個同一的東西。比如英國哲學家洛克就是持這樣看法的一位哲學家。他把物體的性質分為第一性質和第二性質。所謂的第一性質是物體本身所固有的，如運動、靜止、形狀等。而第二性質則是物體的一種能力，它可以借助於不可覺察的第一性質在我們的感官上形成作用，於是我們就得到各種

洛克

不同的顏色、聲音、氣味、滋味等等。我們能夠覺察的只能是顏色、聲音、氣味、滋味等等，而物體的第一性質是不可覺察的。

洛克的這樣的看法在歷史上源遠流長。早在他之前的伽利略就指出過，第二性質不過是感官上的主觀效應，是和不可與物體分離的第一性質迥然不同的。他這樣說道：

　　當我設想一件物質或一個有形物體的物質時，我立刻
覺得我必須設想它的本性，它是有界限的、有形狀的，和
其他東西比較起來，是大還是小、處在什麼地方和什麼時
候、在運動還是靜止，總之，無論怎樣，我不能想像一種
物體不具有這些條件。但關於白或紅、苦或甜、有聲或無
聲、香或臭，我卻不覺得我的心被迫承認這些情況是與物
體一定有關係的；如果感官不傳達，也許推理與想像始終
不會達到這些。所以我想物體方面的這些味道、臭、色等
好像真的存在物體中，其實只不過是名稱而已，僅僅存在
於有感覺的肉體中：因此，如果把動物拿走，一切這樣的
質也就消除了，或消滅了。

　　下面讓我們來看看牛頓對這一問題的看法。牛頓也如是說
道：

　　　　正確地說來，光線並沒有顏色。在它們裡面沒有別的
東西，只有某種能激起這樣或那樣顏色感覺的本領或傾
向。正像聲音一樣，它在鐘或弦或其他發音體發出的這種
運動的傳播，而在感覺中樞裡，則是以聲音形式出現的這
種運動的一種感覺；所以顏色在物體中也表示別的，只是
一種能把這樣或那樣光線更多地反射出來的傾向。在光線
裡面，它們不過是把這種或那種運動傳播到感覺中樞中去
的傾向，而在感覺中樞，它們則是以顏色形式出現的這些
運動的許多感覺。

　　上面的論述清楚地表明了哲學家和科學家在這一最為重要
的哲學問題上的基本立場，即我們所見到、聽到、嗅到的東西

與實在的東西是有區別的。

那麼現在的問題就是，我們所能感覺到的東西與實在的或外界存在的東西到底具有什麼樣的關係？可以說，這是一個真正的哲學問題。自有哲學以來，哲學家們就在孜孜以求這一問題的答案。遺憾的是直到如今，這一問題還是沒有令人滿意的答案。很可能是永遠不會有這樣的令人滿意的答案。

還是讓我們先回到羅素。可以說羅素花了他哲學生涯的絕大部分時間來探討這一重要的哲學問題。他早期在其《哲學問題》一書的基本看法是「推論說」，即他試圖從我們所能直接接觸到的關於問題的種種現象推出現象背後的外界實在事物。他認為，我們只能透過感覺去認識客觀問題。我們直接認識的不是外界實在的事物，而只是如顏色、聲音、氣味、硬度、粗細等現象，它們是在我們的感覺中被直接地給與的，不管你願意還是不願意。這些直接地在我們的感覺經驗中被給與的東西稱之為「感覺材料」。直接察覺這些現象的經驗，羅素稱之為「感覺」。如我們現在要認識比如一張桌子的話，我們也就只能憑藉「感覺材料」，如棕色、長方形、硬度等。無疑，這些「感覺材料」是與桌子聯繫在一起的，它們是桌子在我們的感覺器官中留下的印象。但我們卻不能說，桌子就是這些「感覺材料」，或者說「感覺材料」就是桌子的性質。這樣，如果真有桌子存在的話，那麼就發生了「感覺材料」和桌子的關係問題。

羅素認為，「感覺材料」不是純粹的屬於桌子的，也不是純粹的主觀的，而是依賴於我們和客體之間的關係。如果我們用一塊白布把眼前的這張桌子完全地遮蓋起來，我們本身雖未發生什麼變化，然而我們由桌子卻再也得不到任何的「感覺材料」了。如果實在的桌子不存在的話，那塊布便會出現奇蹟，

而在桌子原來的地方懸空著。這顯然是不可理喻的，是荒謬
的。因此羅素認為，我們完全有理由設想，這些「感覺材料」
就是被我們稱之為物理客體的某種東西存在的標誌。這就是
說，超乎顏色、硬度、聲音等感覺材料之上、之外，還應假定
有某種東西存在，而顏色等只不過是它的一些現象而已。這種
東西就是作為物理客體的桌子。因而羅素指出，「感覺材料」
是被直接地給與的，而所謂的物理客體的桌子是我們經過推論
方式才能間接地感知其存在的。為什麼說是間接的呢？因為我
們不能直接地達到外在的桌子。我們只能運用能夠為我們直接
地得到的「感覺材料」為推論的出發點，去描繪這張桌子。既
然我們不能直接地感知作為實在的桌子本身，而且我們又不知
道它到底具有什麼樣的性質，那麼我們又有什麼理由假設它們
的存在呢？羅素認為，我們所以要假設物理對象的存在的理由
是「物理客體」不是純粹主觀的，它們應該還具有外在的原
因，如果我們不假設物理客體作為「感覺材料」的原因，那麼
我們也就沒有其他更好的方式來解釋「感覺材料」的性質。我
們不可能知道物理客體的任何屬性，但又要堅持認為我們從
「感覺材料」能夠推出外在事物。既然不知道外在事物，那麼我
們又何從知道我們推出的事物一定和外在事物是同一的呢？這
就像一對男女互不認識，只是透過鴻雁傳書，彼此愛慕，但由
於種種的外在條件，他們之間無緣直接見面。在這樣的情況之
下，他們也只能透過彼此的信件來推測對方可能是什麼樣的
人。他們中的每一位都堅信，對方是肯定存在的。相信對方肯
定存在的理由就是他們能夠直接閱讀的信件。那麼對方可能是
一位什麼樣的人呢？他們彼此之間也只能透過信件。於是正是
借助於信件，他們在自己的心目中構想對方可能是什麼樣的

貝克萊

人。他們的構想到底是不是符合於對象呢？他們不可得而知之。理由是顯而易見的。因為我們要知道自己的構想是不是符合對象的一個最簡單的方法就是讓對方出場。如果這是不可能的話，那麼我們也就永遠不可能知道我們的構想是不是符合對象。對於哲學家來說，如果不可能拿出具有決定性的理由，那麼這樣的推論說肯定是失敗的。

但羅素顯然是比英國哲學家貝克萊進了一大步。因為後者是只承認「感覺材料」，而不承認物理客體。如果你拿著一個蘋果給貝克萊看，你問他「蘋果是什麼？」這樣的問題。他會對你這樣說，所謂蘋果只不過是我們的「感覺材料」的複合。因為當你看蘋果的時候，你直接地得到的只能是蘋果的「紅」的顏色，看到蘋果的「圓」的形狀，摸一下，你會感覺到蘋果是「冷」的等等。那麼什麼是蘋果呢？貝克萊告訴我們說，所謂的蘋果就是上述的種種感覺的綜合。作為物理客體的蘋果的存在，在他看來是不可理喻的，因為你根本不可能達到這樣的存在。既然你達不到這樣的存在，你又怎麼可能知道它呢？所以他的名言就是「物是感覺的複合」、「存在就是被感知」。只承認經驗現象，而不承認經驗現象背後的物體就是貝克萊哲學思想的核心。總之，他是乾脆地否認了外物的存在的。

與貝克萊不同，羅素當時的哲學立場是新實在論。他要肯定外物的存在，儘管我們沒有什麼可靠的方法達到它們。但是羅素的這樣的哲學立場碰到了困難。既然有困難，就得找出

路。那麼出路在什麼地方呢？

　　既然實在的事物不可知，那麼我們又何必假設它們的存在呢？所以出路就在於不去做這樣的假設。在《哲學問題》之後，羅素開始拋棄了從經驗現象去推出客觀外物的思路。我們無意在此探討羅素哲學思想演變發展的歷程，如果你有這方面的興趣，自可以去做這樣的研究。我們在此的目的只是在於考察羅素研究和解決認識論的思路。羅素來華所做的「哲學問題」演講時的立場大大地不同於他在其《哲學問題》的立場。他的演講還是從分析眼前的一張桌子開始。面對著中國熱情的聽眾，他仍舊是把桌子分析成現象的桌子和實體的桌子。在這樣的分析之後，他提出了處理這一問題的兩種不同的態度：(1)並沒有桌子的「實體」這樣的東西，所有的只是顏色、形狀、質料等等這樣的現象；(2)桌子的「實體」是有的，它與我們所看到的桌子是不一樣的，它是我們所看到的桌子存在的原因。

　　對桌子做了這樣的分析並提出了解決這一問題的兩種態度之後，羅素緊接著指出，從前的科學和哲學都認為作為實體的桌子是有的，但是與所看見的現象不一樣。近來的科學家和哲學家卻以為所謂的桌子就是我們所看到的種種現象，在現象之外再沒有什麼實體之類的東西了，所以我們大可不必再去假定那些看不到、聽不見、摸不著的什麼實體之類的東西了。顯然羅素當時是完全贊同這後一種的觀點。他認為，假設有實體是出於人們對有永久性的東西的期待，然而哲學上的許多麻煩都是起於想有永久性的東西的存在這樣的原因。於是，羅素指出，期待永久性的東西的想法是錯誤的，世界上最真實的莫過於暫時的存在。宇宙中的最根本的東西不是什麼心，也不是什麼物，而是事情（event）。他所採取的這種哲學立場名之為「中

立一元論」。這就是說，所謂的「桌子就是那些所有關於桌子的事情合成的」。可見，此時的他堅決地反對把現象與本質分離開來的做法。根據他的理解，傳統哲學主張的所謂的本質是沒有的。他這樣說道：「所謂本質，不過是暫時的種種現象放在一處，照了論理的法則，來組織成一種東西。」羅素感到要堅持原來的在實體和現象之間劃界的立場會給自己帶來根本不可能解決的難題，所以他不得已放棄了原來的立場，否認了實體的存在，只承認現象。以前他認為，沒有了實體就很難說明現象的存在。在華演講時，他指出，現象所以能存在的理由是它們是由「事情」（event）合成的。

我們都知道哲學家的性格就是要在別人沒有問題的地方發現問題，提出問題。要做哲學家，正像羅素本人所說的那樣，就不要怕荒謬。受了羅素的啟發，我們現在也可以向羅素發難，問他這樣一個很簡單的問題，這就是「事情」是什麼呢？

根據羅素後來自己的解釋，所謂「事情」就是指感覺或感覺材料。可見，他前後的說法有所不同，但這些說法的實質都是一樣的，即它們都是指感覺或感覺材料。既然「事情」就是感覺材料，那麼由「事情」合成的心或物又可能是什麼性質的東西呢？羅素曾經說過，感覺材料是私人的，你的就是你的，我的就是我的。我曾經牙痛過，現在輪到你牙痛了，我可以以自己牙痛的感覺來體會你的牙痛。如果我們兩人的關係密切，那麼你牙痛時，我可能也會「同病相憐」，感覺到自己有些微的疼痛的感覺。但我的體會畢竟不同於你本人的牙痛，我以前的牙痛也並不能代替你現在的牙痛。如果遠在美國的一個我莫不相識的人牙痛，那麼我只知道他牙痛，而不會感覺到自己有牙痛的體會。感覺或感覺材料只能是私人的。如水在口，冷暖自

知。

　　由於感覺或感覺材料的私人性質，那麼由這樣的感覺材料
所構成的心或物也不可能具有公共的性質。比如說，趁著放寒
假或暑假你趕回家看望父母或朋友，由於久別重逢，你顯然分
外的激動，免不了要擁抱自己的父母或朋友。在這樣令你激動
萬分的時候，你決計不會想像到你正在熱烈擁抱著的父母或朋
友僅僅是由自己的感覺材料構成的。可見，羅素的「中立一元
論」是有問題的。

　　在《物的分析》一書中，羅素又提出了「知覺因果說」來
解決感覺現象與實在事物之間的關係問題。他指出，常識認為
感覺向我們直接顯示了外在的客體。當我們「看見太陽」時，
太陽就是我們當下所見到的太陽。但科學卻已採取了另一種不
同的看法，認為當我們「看見太陽」時，從太陽到我們的眼睛
之間存在著一個過程。這一個過程橫跨這兩者之間的廣大的空
間。當太陽光到達我們眼睛時，它已改變了它的某些特性，而
在視覺神經和大腦中，它又一次地改變了某些特性，直到最後
它形成了我們可以稱之為「看見太陽」這樣的事件。羅素指
出，物理客體的表面特性對環境和人的神經系統的性質有因果
依賴關係。因此，他根據光的傳播需要時間的事實來說明，人
們認為當下看見的太陽，就是處在現時的太陽是錯誤的。其
實，我們至多只能看見那個處於幾分鐘前的太陽。於是，他堅
持認為，鑑於所知依賴於環境，依賴於我們的神經系統，所以
我們沒有充分的理由相信這些對象會像常識所認為的那樣真正
擁有這些屬性。這樣的論證是否有力值得商榷，因為從物理客
體被知覺到的性質，是因果地依賴於知覺者的狀態和環境這一
事實，並不能必然地得出客體實際上沒有這樣的性質的結論。

而且他的論述方法似乎也隱含著這樣的假設，即未構造物理對象之前，就提出了它們應該具有些什麼樣的特性。

羅素的知覺因果說在他的《人類的知識》一書中顯得更為精緻。在那裡他提出了「知覺結果」這一概念。這一概念指「當我看見或聽到某種事物或者透過其他感官，確信自己意識到某種事物的存在時所發生的那種情況」。他強調指出，一個知覺結果，比如說聽見一種聲音有著一系列的「先件」，這些「先件」在時空中運動，從聲音的物理來源經過空氣到達耳和大腦，這時我們可以說「聽見聲音」。「聽見聲音」就是一種知覺結果。可見，「知覺結果」是以物體作為起點的因果鏈條的終點。從這一設想出發，羅素認為，可以把知覺結果當作關於物體知識的來源，這樣就可以從結果推論到原因的某些特點。他指出，我們可以從知覺結果推論到物體，但卻不能得到關於物體的確切知識。任何知識都是不確定的。但羅素的這一結論先驗地假設了因與果之間的聯繫，這樣的聯繫一般地說，是要透過歸納得到證明的，然而在《人類的知識》一書中，羅素又認為要證明歸納原則是根本不可能的一件事。

3.5 哲學問題令人困惑

縱觀羅素知識理論的種種努力，我們可以發現試圖解決或解釋感覺現象與客體之間的關係是他的知識理論的主題。他幾乎在這樣的哲學主題上花費了四十年的時間。他為此先後提出過推論說、構造說、中立一元說、知覺因果說等等。由於存在著這樣或那樣的難以克服的困難，所以這些理論都很難成立。

羅素的哲學生涯開始於他要雄心勃勃地尋找確定性的願望,並試圖在這樣的確定性的基礎上建立起知識的大廈。但終其一生,他卻沒有找到這樣的確定性。可以說《人類的知識》是羅素哲學生涯的最後一部著作。正是在這部書的最後一頁,他不無悲觀地宣稱:「全部人類知識都是不確定的、不精確的和片面性的。」他就是以這樣的令人沮喪的結論結束了自己追求確定性的哲學生涯。

羅素的哲學探討表明哲學問題本身是不可能得到解答的。任何企圖把自己關於某一哲學問題的看法視做是終極性的絕對正確的答案的做法都是錯誤的。哲學問題不可能有終極的解答是因為哲學問題是最基本、最普遍的問題,是太大的問題,不是人類所能夠解決的問題。哲學問題與人類相伴隨,只要人類存在著,人類就得思考哲學問題。這裡的悖論似乎在於,人類所提出的哲學問題,人類本身不可能解決。要解答這樣的問題需要一種超越性的智慧,即哲學的智慧。蘇格拉底認為,人沒有這樣的智慧,只有神才具有這樣的智慧。蘇格拉底對智慧的看法委婉地說明,人本身不能解決哲學問題,而只能不斷地去探討哲學問題,所以人類永遠處在探討哲學問題的永恆的過程之中。這樣的日子絕對不會到來,即在那一天,人類出神地注視著業已獲得的絕對真理而袖手旁觀、無所事事。

既然哲學問題是不可解決的,那麼為什麼我們還必須在這樣大而無當的問題上花費精力和時間呢?這樣做有什麼樣的意義呢?羅素的看法值得我們重視。

他說道,要了解一個時代或一個民族,我們必須了解它的哲學;要了解它的哲學,我們必須在某種程度上自己就是哲學家。這裡有一種互為因果的關係,人們生活的環境在決定他們

的哲學上起著很大的作用，然而反過來他們的哲學又在決定他們的環境上起著很大的作用。

　　他又進一步指出，哲學所以要學，是因為科學告訴我們的是我們所能夠知道的事物，但我們所能夠知道的是很少的；而我們如果竟忘記了我們所不能知道的是何等之多，那麼我們就會對許多極重要的事物變成麻木不仁了。另一方面，神學帶來了一種武斷的信念，說我們對於事實上我們是無知的事物具有知識，這樣一來就對宇宙產生了一種狂妄的傲慢。在鮮明的希望與恐懼之前而不能確定，是會使人痛苦的；可是如果在沒有令人慰藉的神話故事的支持下，我們仍然希望活下去的話，那麼我們就必須忍受這種不確定。無論是想把哲學所提出的這些問題忘卻，還是自稱我們已經找到了這些問題的確鑿無疑的答案，都是無益的事。教導人們在不能確定時怎樣生活下去而又不至於為猶疑所困擾，也許這就是哲學在我們的時代仍然能為學哲學的人所做出的主要事情了。

　　哲學問題的不可解決，揭示出這樣一個事實，即我們所知甚少，「吾生也有涯，而知也無涯，以有涯隨無涯，殆也」，為此我們必須保持好學、探索的精神，不斷地向未知的領域前進；哲學問題的不可解決也同樣告誡我們，不要過於自信，不要流於專斷、教條、自以為是。

　　哲學問題的不可解是由於人類不具有超越的智慧。但人類要能夠真正地認識自己卻需要不斷地探討哲學問題。這就是人類所處的困境。這樣的困境使我們想起了古希臘有這樣的一個神話。它說的是薛西佛斯被罰推著巨石上山，每當快到山頂的時候，巨石又滑下，薛西佛斯又不得不費力地向上推巨石。如此循環往復，以至無窮。卡謬說：「在薛西佛斯身上，我們只

能看到這樣一幅圖畫：一個緊張的身體千百次地重複一個動作：搬動巨石，滾動它並把它推至山頂；我們看到的是一張痛苦扭曲的臉，看到的是緊貼在巨石上的面頰，那落滿泥土、抖動的肩膀，沾滿泥土的雙腳，完全僵直的胳膊，以及那堅實的滿是泥土的人的雙手。經過被渺渺空間和永恆的時間限制著的努力之後，目的就達到了。薛西佛斯於是看到巨石在幾秒鐘內又向著下面的世界滾下，而他則必須把這巨石重新推向山頂。他於是又向山下走去。」他完全以自己的整個身心從事於一種沒有什麼效果的事業。如果我們不把薛西佛斯看作神，而是看作和我們一樣的人，那麼薛西佛斯就很像一個執著的哲學家，而那塊巨石也就是人類所執著地尋求答案的哲學問題。每當我們以為問題的解決有了決定性的轉機，似乎天將破曉，希望之光即將灑滿人間，然到頭來卻又是竹籃打水一場空，空喜歡一場，原來問題並不是想像的那麼容易，原以為快要解決的問題於是又沈入無底深淵。但人類執著的刨根問底的本性偏偏又不斷地驅使人們重新思考那些與人類休戚相關的哲學問題。薛西佛斯的工作不就很像人類從事的哲學研究事業嗎？有人可能會提出這樣的疑問，為什麼我們一定要像薛西佛斯那樣推著巨石上山呢？我們完全可以不去做這樣吃力不討好的工作。問題並不會如此的簡單。人類作為有思想的存在的一個最為鮮明的特徵就是要去思考與人類的本性相連的哲學問題。

　　哲學問題確實是不可解的。但有一點卻是明白無誤的，這就是哲學問題永遠是明確的。我們上面討論的哲學問題就是感覺或感覺材料與外界實在的東西之間的差異。這一哲學問題告訴我們這樣的一個嚴酷的事實，就是人類並不像動物那樣直接地生活在外在的物理世界之中。我們永遠也不可能真正地知道

我們生活於其中的外在世界究竟是怎麼樣的。如果真正地理解了上述的哲學問題的性質，那麼我們也就能夠清楚地理解其中所包含的哲學道理。

我們常常說，地球是人類的家園，這是不錯的。但嚴格地講起來，這似乎是有問題的。因為人的家園按照上面所敘述的道理來看，應該是人的思想或思維或語言。海德格似乎說過這樣的話：「語言是人的家園。」在此，我們可以把這句話看得活些，語言是人的家園，思想當然也就可以成為人的家園。語言是思維的工具、是思想的產物，思維的每一步發展都有相應的語言伴隨。沒有語言，思想得不到表達。語言對於人類而言，是一種須臾不可離的工具。迄今還只有人類才擁有語言文字這一事實，似乎也可以使我們有道理得出進一步的結論，即人類本身就是語言造就成的。人類擺脫不了語言的桎梏，人一生下來就要在語言的世界中生活，沒有語言我們就寸步難行。對此，馬克思和恩格斯曾經這樣評論道：「『精神』從一開始就很倒楣，注定要受物質的『糾纏』，物質在這裡表現為震動著的空氣、聲音，簡言之，即語言。」人不可能像動物那樣越出語言、思想或精神而直接地生活在外在世界之中。

德國哲學家恩斯特·卡西爾也正是在此意義上把人看作是「符號動物」。他認為，人不是像動物那樣直接地生活於物理世界之中，而是生活在符號的空間之內。他指出：「我們必須分析符號的空間。一探討這個問題，我們就處在了人類世界與動物世界之間的分界線上。就有機體空間而言，就行動空間而言，人似乎在許多方面都遠遠低於動物。動物天生就具有的技能，一個兒童必須靠學習才能掌握。但是，人的這種缺陷被另一種天賦所補償，這種天賦是只有人才發展了的並且與有機界

中的一切事物沒有任何相似之處。人並非直接地，而是靠著一個非常複雜和艱難的思維過程，才獲得了抽象空間的觀念——正是這種觀念，不僅為人開闢了通向一個全新的知識領域的道路，而且開闢了人的文化生活的一個全新方向。」他認為，「符號化的思維和符號化的行為，是人類生活中最富有代表性的特徵。」卡西爾所謂的「符號」是指語言、神話、藝術、宗教等等。說白了，他所說的「符號世界」就是指人的思想生活的世界或精神生活世界。這就是人與動物之間的本質性的差異。於是，他進一步說道：

> 人不再生活在一個單純的物理世界宇宙之中，而是生活在一個符號宇宙之中。語言、神話、藝術和宗教則是這個符號宇宙的各部分，它們是組成符號之網的不同絲線，是人類經驗的交織之網。人類在思想和經驗之中取得的一切進步都使這符號之網更精巧和牢固。人不再能直接地面對實在，他不可能彷彿是面對面地直觀實在了。人的符號活動能力進展多少，物理實在似乎也就相應地退卻多少。在某種意義上說，人是在不斷地與自身打交道而不是在應付事物本身。他是如此地使自己被包圍在語言的形式、藝術的想像、神話的符號以及宗教的儀式之中，以致除非憑藉這些人為媒介物中介，他就不可能看見或認識任何東西。

人是有思想的動物，他只有憑藉思想或思維或思維的工具才能夠認識外在的東西或事物。否則，他將什麼也看不見。如果你明白了以上所說的道理，那麼這一點道理應該是很淺顯的。從而你也就明白了，人與外在世界到底具有什麼樣的關係

了。王陽明就很精緻微妙地表達了這樣的思想。《傳習錄》記載：王陽明和他的弟子們到南鎮地方遊山，一個弟子指著山中的花樹問道：「天下無心外之物，如此花樹在深山中自開自落，於我心亦何相關？」陽明答道：「你未看此花時，此花與汝心同歸於寂，你來看此花時，則此花顏色一時明白起來，便知此花不在你的心外。」羅素是這樣看的，卡西爾是這樣看的，現在我們又看到更早的時候，王陽明也是這樣看的。這眞是英雄所見略同。這樣的看法既符合科學，更符合哲學。當詩人吟詠「山光悅鳥性，潭影空人心」時，你應該知道的是，並不是山光使鳥有了愉悅的心情，而是山光的綽約和鳥的幽鳴使詩人有飄然欲仙的感覺。是因爲詩人先有賞心悅目之心情，而後才見山光之綽約與鳥之幽鳴的樂趣。也不是「潭影」空「人心」，而是人心空，潭影才能空。所以是「人心」空潭影。眞正地說來，抒情詩人並不是在對著自然界吟唱，而是對著自己的心靈在歌唱。因爲自然界只不過是枯燥無味的，既沒有聲音，也沒有香氣，也沒有顏色，只有質料在毫無意義地和永遠地互相撞擊著。

　　我們生活在宇宙之中，但我們自己的眞正的家園卻在我們自己的思想或精神之中。因此我們獲取美好幸福生活的最佳途徑就是要建造自己的精神的或思想的家園。如何建造？建造自己的精神的或思想的家園，就是要去發現眞正屬於人自己的本性或本質，必須擺脫人的一切外在的和偶然的特性。馬可·奧勒留在《沈思錄》中說道：

　　　　不能使他成為一個人的那些東西，根本就不能稱為人
　　　　的東西。它們無權自稱為是屬於人的東西；人的本性與它

們無涉，它們不是那種本性的完成。因此，置身於這些東西之中，既不是人生活的目的，也不是目的亦即善的完成。而且，如果任何這些東西確曾與人相關，那麼蔑視它們和反對它們則不是人的事，……不過事實上，一個人越是從容不迫地使自己排斥這些和其他這樣的東西，他也就越善。

卡西爾從中得出的結論是：「所有那些從外部降臨到人身上的東西都是空虛的和不眞實的，人的本質不依賴於外部的環境，而只依賴於人給予他自身的價值。財富、地位、社會差別，甚至健康和智慧的天資——所有這些都成了無關緊要的。唯一要緊的就是靈魂，靈魂的內在態度。」關愛自己的靈魂、守望自己的靈魂是我們自己的職責。只有靈魂才是眞正屬於我們自己的東西，它規定著我們人爲什麼是人的本質屬性。

哲學的方法

　　我們既然這樣地排斥了稍可懷疑的一切事物，甚至想像它們是虛妄的，那麼我們的確很容易假設，既沒有上帝，也沒有蒼天，也沒有物體；也很容易假設我們自己甚至沒有手腳，最後竟沒有身體。不過我們在懷疑這些事物的真實性時，我們卻不能假設我們是不存在的。因為要想像一種有思想的東西是不存在的，那是一種矛盾。因此，我思故我在的這種知識，乃是一個有條有理進行推理的人所體會到的首先的、最確定的知識。

　　　　　　　　　　　　　　　　　——笛卡兒

　　勒內·笛卡兒（Réné Descartes, 1596-1650），法國哲學家、數學家、科學家，是解析幾何的創始人，主要哲學著作有《方法論》、《第一哲學的沈思》、《哲學原理》，他在哲學上的主要貢獻是提倡一種系統的懷疑方法。

　　「哲學是什麼」可以說是人類所能接觸到的一個最大的問題。對於這樣一個問題，我們簡直無法回答，我們不能說它就是什麼。你說它就是什麼，有人也會用差不多同樣的方法說，它就不是什麼。所以我們所能採用的最好的方法就是描述的方法。這就是採用迂迴包抄的方法逐漸逼近「哲學是什麼」這一令人頭痛而又棘手的問題。

　　在前面，我們已經指出過，透過哲學家所討論的哲學問題是我們了解哲學究竟是什麼的一個很好的途徑。哲學當然就存在於哲學問題之中。不斷地提出問題是哲學家的品行，當然也更是哲學家的本質特性。可以這樣說，沒有哲學問題也就沒有哲學和哲學家。提出問題，就得解決問題；要解決問題，就得要分析和討論問題。解決問題、討論和分析問題也就必然要採取某種方法或途徑。哲學家討論、分析和解決問題的方法顯然是不同於科學家所運用的方法。但哲學家必須用方法來討論、分析問題是不應該有疑義的。方法好比是過河的橋或擺渡的船，沒有橋或船我們就不可能從此地到彼地。

　　中國現代哲學家金岳霖曾經說過，哲學是成見。什麼叫成見呢？成見就是人們持守不變的或者說是頑固堅持的一種觀察生活和人生的看法。成見在漢語中似乎是一個貶義詞。比如一個人對某種問題總是從他自己的觀點來看，這本無可厚非，人都有堅持自己的看法的權利。但問題在於，他始終堅持自己的看法，卻拿不出什麼像樣的理由或道理，而在那兒固執己見，胡攪蠻纏。想來，我們都是不願意與這樣的人打交道。為什麼？太累人且壞事。這樣的人顯然是缺乏理性。那麼什麼又是理性呢？其實，所謂的理性就是凡事都能夠講出系統的道理，來說明為什麼我們要這樣說或做。於是，金岳霖補充道：「哲

學是說出道理來的成見。」

　　什麼是「說出道理」呢？如果把我們的「成見」看作是論點，那麼「說出的道理」就是支持「成見」的論據。成見要能夠站得住腳，就必須首先要求論據要能夠站得住腳。而論據要能夠證明論點，我們就必須明確知道，第一，你所掌握的論據與你所想要證明的論點之間有還是沒有關係，因爲你可千萬不能「張冠李戴」啊！第二，你所運用的論據能不能充分地支持你的論點，因爲論據支持論點有一個程度的問題。如果你的論據能夠完全地支持你的論點，那麼這樣的論據便是充分的。如果你的論據不能夠完全地支持你的論點，那麼這樣的論據便是不充分的。不知你留意到沒有，現在又出現了新的問題。這就是什麼叫「充分」？從邏輯上講，充分是與必要相對待的。所謂「充分」是說「有之必然，無之未必不然」。而所謂的「必要」是說「無之必不然，有之未必然」。講到這裡，我們所涉及的都是思想方法的問題。哲學尤其注重方法論的問題。

　　縱觀哲學史，可以這樣說，一種哲學思想的產生都必然地伴隨著一種特有的哲學方法論，不同的哲學家有不同的哲學方法論。哲學方法論是哲學思想的基礎，或者說哲學方法論是邏輯地先於某種哲學思想的。哲學方法論會給哲學家一種觀察問題和分析問題的角度、模式，有的哲學家特別地重視哲學方法論在哲學研究中的作用，比如羅素就是這樣的一位。他以爲，真正的哲學問題可以歸結爲是邏輯的問題。他把哲學方法論的問題看作是高於哲學本身，這是我們所不能同意的。因爲在任何時候、任何地方，哲學方法論始終是一種工具，工具是爲目的服務的。哲學方法論是爲了論證某種哲學思想才有其存在的必要和價值。這就決定了，我們不能以方法代替目的。不能說

哲學方法或論證是哲學的核心或實質。這樣說就是「喧賓奪主」。《金剛經》上說:「一切有爲法,如夢幻泡影;如露亦如電,應作如是觀。」佛家的說法無疑有其極端處,但它卻也正確地指出了「佛法大義」是不同於「一切有爲法」的,所以它對於上述的看法也確實是一「當頭棒喝」。

4.1 懷疑方法

柏拉圖和亞里斯多德曾經明確地指出過,哲學起源於驚訝。哲學的進一步發展卻似乎要依賴於懷疑的精神或方法。如果對一切都熟視無睹,習以爲常,那麼思想就會陷於停頓,變成一灘死水。爲學貴在於有疑,疑則有進。這種懷疑精神當然是哲學研究的必要條件。沒有懷疑精神,就不可能有眞正的哲學思想,就不可能有眞正的學術研究。可以說,懷疑的精神是哲學思想不斷進步的基本動力。強烈的懷疑精神可以促使思想的解放和進步。學習和研究哲學尤其要重視懷疑的精神和方法。凡事都要問一個「爲什麼」。

胡適

胡適在中國現代史上的新文化運動中是一個叱咤風雲的人物。他所以能夠成就一番大的事業,就在於他首先系統地

運用懷疑的方法來重新評判中國傳統的文化。於是他發問道：「(1)對於習俗相傳下來的制度風俗，要問『這種制度現在還有存在的價值嗎？』；(2)對於古代遺傳下來的聖賢教訓，要問『這句話在今日還是不錯嗎？』；(3)對於社會上糊塗公認的行為與信仰，都要問『大家公認的，就不會錯嗎？人家這樣做，我也應該這樣嗎？難道沒有別樣的做法比這更好、更有理、更有益嗎？』。」對於歷史、社會上公認的制度教訓、聖賢遺訓、行為信仰，他都要問一個為什麼，都要重新拷問它們的合理性及其存在的價值，要「重新固定一切價值」。

他的方法論就是他終生服膺的實驗主義的方法論。這個方法論可以概括為五個階段：

第一階段：為困惑、疑慮的階段。

第二階段：為決定這困惑和疑慮究竟出現在什麼地方。

第三階段：假定種種解決疑難的方法。

第四階段：選擇許多假設中的一種作為解決困惑和疑慮的可能的解決方案。

第五階段：思想者在這一階段要小心求證，把他選擇的假設加以證實，以求對他的疑慮和困惑求得解決。

胡適所理解的實驗主義方法論的核心部分當然是疑難和困惑。這方法論五步都是圍繞著困惑和疑難進行的，所以他的方法論又可稱之為懷疑的方法。

他對中國傳統文化的批判，他在整理國故方面所取得的成就，可以說都是在這樣雖簡易卻又切實可行的方法論的指導之下進行的。

胡適的懷疑方法對中國傳統文化具有極大的破壞力。但在方法論上講，他的這種方法還是極其溫和的，是不徹底的，而

且運用的範圍也是極其有限的。如果與西方哲學史上的懷疑主
義方法論相比,那麼胡適的懷疑方法簡直可以說是小巫見大
巫。

4.1.1 知覺懷疑論

在西方哲學史上有一種理論叫做知覺懷疑論。持有這種看
法的哲學家認為,根本沒有合理的理由使我們認為我們的知覺
判斷是正確的。他們認為,相信自己的知覺判斷,認為它們反
映了外在的事物的看法是毫無任何理由的。如果你硬要堅持這
樣的看法,就是一種獨斷論者的武斷的看法,因為你沒有什麼
充足的理由來支持這樣的看法。懷疑論者指出,你以為你所說
的關於外在事物的知覺判斷是真的,但是他卻振振有詞地說,
你這樣的判斷很可能只是你夢中出現的一種景象。因為你完全
有可能始終處在夢境之中,而且你的整個人生也可能就是一場
夢。如果真是這樣的話,那麼根本就不可能存在一個什麼外在
的世界。如果真是這樣的話,那麼你所看到的所有各種各樣的
事物也都只是在你的夢境中出現的幻影,因此它們也並不具有
任何的實在性。你可能會這樣來回答懷疑論者說:「這怎麼可
能呢?你看,我正在讀著一本書。你也是看見的,因此你也可
以證明我在看書。這難道不是千真萬確的事實嗎?這有什麼可
以值得你懷疑呢?」你以為這樣就能夠駁倒懷疑論者嗎?你可
能會在自己的心裡這樣地尋思:「這是當然的事了。」但事與
願違。

讓我們且先看看懷疑論者是怎麼樣回答的。他說:「你現
在正在讀書,這是誰也不能懷疑的。這是一件確確實實的事。
誰懷疑它,誰就是一個不正常的人。但你想到過沒有,你正在

讀書難道不可能是你的漫長的夢境中的一件事嗎？如果事實確是這樣的話，那麼你又有什麼理由說：你正在讀書是一件確確實實的事呢？」

果真人生就是一場夢幻的話，那麼外在世界也就根本沒有實在性，或者說也就根本不存在了。這難道是真的嗎？當然，我們誰都不願相信，這是真實的情形。但是願意還是不願意是情感的問題。而我們現在所討論的問題卻是一個純粹的理性的問題，所以我們不能以自己的意願來決定或解決哲學問題。

知覺懷疑論者的上述看法很難說它就是一派胡言。從邏輯上講，我們很難證明它是虛假的，是錯誤的。而且我們認為這樣的看法有其合理性和可能性。但是，我們也不得不指出這樣的看法很難說就是正確的。

反對知覺懷疑論者的有力武器往往是常識。持常識看法的人經常有這樣的一種本能的看法，即外在世界是實實在在的存在的，我們日常的一切都是在這樣的世界背景之下進行的。不但這樣的世界是實在的，我們所見所聞的大多數的事和人在一定程度上都是實在的，因此我們有什麼必要去懷疑它們的實在性呢？因為我們都知道夢與現實生活之間的種種區別。雖然我們很難找到一個合理又公正的標準在理論上將這兩者加以區別。但是在實際生活中，我們將這兩者加以區別似乎並不是一件很困難的事情。於是，我們就想當然地認為，如何去區別夢與現實生活並不會構成理論上的或實際的困難。我們很有可能在短時間內不清楚自己是在做夢還是處於一種清醒的狀態，但不用太長的時間，我們似乎就能確定自己是否真正地在做夢。

比如當你在夢中夢到你的一個最好的朋友在一場突如其來的車禍中不幸遇難，你感到接受不了這一事實，無限地悲痛，

於是放聲悲慟嚎啕。過度的傷感使你突然從夢中醒來，醒來後你才發現你的好朋友安然無恙，他正在你的身旁來回踱步。於是，你感到有了充分的證據表明夢與現實確實是能加以區別的。這就是大多數人所擁有的常識的看法，我們對之確信無疑。

你也可以如古時候的莊周，在夢中變成了一隻美麗的花蝴蝶，又可在夢中進一步由蝴蝶變回成莊周。那麼是莊周變成了蝴蝶，還是由蝴蝶變成了莊周呢？莊周本人對此感到迷惑不解，「不知周之夢爲蝴蝶與？蝴蝶之夢爲周與？周與蝴蝶，則必有分矣，此之謂物化。」莊周認爲，蝴蝶與周，周與蝴蝶之間的不同僅僅是物的變化不同型態，兩者之間沒有本質性的區別。究竟蝴蝶變爲莊周，還是莊周變爲蝴蝶，是沒有必要做進一步的探討，不必在此兩者之間強作區分，這是莊子的看法。你可能會不同意，這並沒有什麼關係。你盡可以不同意任何一種看法。這裡的關鍵卻在於，當你不同意一種看法或贊同一種看法的時候，你必須要能拿出充分的理由或證據來說明你爲什麼不同意某一看法或贊同另一看法。我們還是暫且回到「莊周夢蝶」這一故事。你可能會斬釘截鐵地指出，要區分莊周與蝴蝶並不是一件「難於上青天」的大事。因爲夢總有醒的時候。當夢醒之時，你還是你，你絕不可能是一隻美麗的花蝴蝶。爲什麼呢？因爲我們都確鑿地相信，在現實中的人與蝴蝶之間有質的差異。這就是說，在現實中你不可能變成一隻蝴蝶，變成蝴蝶的可能只存在於夢境之中。但是在夢境之中，你確確實實地變成了一隻蝴蝶，而且你同時認爲自己實實在在地變成了蝴蝶。

好了，現在問題出現了，你是怎麼知道你變成一隻蝴蝶僅

僅是在一場夢中才出現的事呢？因為很有可能的是，那並不是一場夢，而是實實在在的事實。你可以在夢中變成蝴蝶，你也同樣可以在夢中變成你，那麼在這兩件不同的事情中，我們怎麼樣才有可能做出正確的選擇呢？

　　常識認為「日有所思，夜有所夢」，認為夢是日常生活經驗的影子。但是，我們也可以完全地顛倒過來說，日常生活是夢中生活的影子。這就是說「日有所夢，夜有所思」。這兩種說法究竟哪一種更合理些？在這兩者之間你更願意選擇哪一種呢？如果現實的生活太過於冷酷無情，那麼你只能嚮往於夢中幸福的生活。但你肯定不願意認為自己生活中的親人僅僅是夢中人。當然你更不願意自己也成為夢中人，所以我們一般都會選擇前一種。這種選擇的根據在什麼地方呢？

　　但是我們要知道的是，常識的說法並不具有理論的說服力。區別日常生活與夢境的一個比較有力的說法是夢中的生活與人們平時的生活並不互相適應或吻合，而且夢中的生活也經常是彼此衝突。正是根據這種經驗生活的連續性和連貫性，我們才能比較有信心地對日常生活和夢境生活加以區別。我們把有連續性和連貫性的經驗生活稱之為現實生活，而把那些缺乏連續性和連貫性的生活叫做夢。

　　運用連續性和連貫性來對現實生活和夢境生活做這樣的區分是有充分的根據嗎？這樣的區分是合理的嗎？懷疑論者指出，做出這樣的區分是不充分的，是缺乏合理性的。因為我們在這裡所說的這兩種生活都是夢中生活的部分，它們之間的區別不是什麼現實生活與夢境生活的區別，而是夢中生活的兩個不同部分之間的區別，所以所謂的有連貫性和連續性並不就是區分這兩種生活的充分的標準。因為我們可以說，整個人生都

在一場夢境之中。

面對懷疑論者的凌厲攻勢，我們該怎麼辦呢？是退卻？還是堅守？退卻意味著我們自己都變成了夢中人，意味著我們只能在夢中去討生活，就像《牡丹亭》中的那種生活。儘管美麗，但卻沒有任何的真實性和現實性；堅守意味著我們必須能夠拿出足以駁倒懷疑論者的理由。我們當然要堅守我們自己的哲學立場，我們至少相信我們自己是現實中的人。我們所討論的問題也是由於現實生活與夢境生活的區別而發生的。不到無路可走的境地，我們是不應該退卻的。那麼出路何在呢？

我們似乎仍然可以堅持認為，夢境生活與現實生活是有區別的。這一區別是依據於這樣的原則，即現實生活經驗可以用來解釋夢境生活，而夢境生活卻很難能夠用來解釋現實生活中所發生的種種事情。科學的功能就在於它能夠成功地解釋我們生活周圍所發生的一切。所以，日常生活所擁有的解釋性功能是夢境生活所無法擁有的。這就是這兩種生活之間的確鑿無疑的區別。

而且日常生活是以外在事物為其對象，所以日常生活經驗是關於外在事物的經驗。而夢境生活只是存在於夢者頭腦之中的，它並不涉及獨立存在的外在事物。如果這個做夢者不存在了，他的夢境也就隨之消亡了，這是一個不爭的事實。由此可見，夢境生活並不反映外在實在，而日常生活的經驗卻是以外在事物為其對象的。

這樣的反駁是不是具有決定性的意義呢？看來不好說。似乎這樣的理由並未能夠徹底地駁倒懷疑論者的論點。因為徹底的懷疑論者是徹底地主張我們所謂的外在的事物也都不過是夢境生活中的產物而已。而且如果整個人生都是一場夢境的話，

那麼我們也就終其一生也走不出這樣的夢境。如果真是這樣的話，那麼我們的命運也就如孫悟空一樣，本領再大也跳不出如來佛的手掌。因此我們也就無從知道我們的生活是否反映外物。可見，這樣的懷疑論者所提出的問題是無法回答的。因為他們是徹底地否認了任何知識的可能性。他們認為，我們一無所知，我們所可能擁有的唯一的知識就是我們一無所知。討論懷疑論已超出了我們的研究的範圍，但這樣的懷疑論的觀點雖然無法回答，但它們的問題卻具有啓動我們思想的巨大的作用。它們是一貼醫治人們傲慢專斷的心態的清醒劑，使我們冷靜下來，不要以為我們像神一樣是無所不知、無所不能的。

4.1.2 笛卡兒的懷疑方法

　　在哲學史上還有一種懷疑論，是法國哲學家笛卡兒提出的，它在歷史上曾經產生過巨大的影響。笛卡兒被認為是西方近代哲學的真正奠基者。他的很多哲學思想在歷史上很有爭議，但他的系統懷疑方法至今仍然是十分有效的。如果你想了解哲學是什麼的話，那麼笛卡兒的懷疑方法就是你必須要知道和掌握的。

　　笛卡兒對一切都持一種批判和懷疑的態度。他的全部哲學的第一個信條就是「懷疑一切」。他在其《哲學原理》一書中的第一句話就是：「要想追求真理，我們必須在一生中盡可能地把所有事物都來懷疑一次。」我們都想要學習哲學，而學習哲學的開端就是要「懷疑一切」。既然如此，我們也應該在此對笛卡兒的「懷疑一切」來一次懷疑。他為什麼要「懷疑一切」呢？是不是他在生活中受過誰的騙，上過誰的當，所以他要以一種嚴格的挑剔的理性態度來審視一切？不是的，因為笛卡兒

的哲學視野要開闊得多，而不是斤斤於生活的瑣事。那麼他為什麼要「懷疑一切」呢？他說，感覺可能欺騙我們，理智也可能會欺騙我們。特別是「我們在成長為大人以前都曾經是兒童，都必須有很長一段時期為我們的欲望和我們的教師所支配，而教師們每每是彼此衝突的，他們之中誰都未必總是教給我們最好的看法。所以我們的判斷要想有一生下來就完全運用我們的理性並且一直只受理性的指導而得來的那些判斷那樣純潔、那樣可靠，是幾乎不可能的。」甚至很有可能存在一個無所不能的惡魔，它使我們具有了關於各種內容的感覺經驗。所以，懷疑外在世界的存在是很有可能的，甚至「很容易假設，既沒有上帝，也沒有蒼天，也沒有物體；也很容易假設我們自己甚至沒有手腳，最後竟沒有身體」。

　　笛卡兒認為，想像這樣一位惡魔的存在是很容易的。而我們現在卻處在了這樣一個十分尷尬的境地，即我們現在要否定這樣的惡魔竟成為了一件根本不可能的事情了。徹底的懷疑論者可以懷疑這樣的惡魔的存在，因為他是無所不疑的。徹底的懷疑論者，我們在上面看到，是無往不勝的。但這一次他們卻要敗倒在笛卡兒的腳下了。為什麼呢？因為笛卡兒把難題推給了徹底懷疑論者。笛卡兒這樣說道：「你說這樣的惡魔不存在，那麼你是怎麼知道惡魔是不存在的。你可以說惡魔不存在，那麼請你拿出你的證據來充分地證明這樣的惡魔是不存在的。」歷史上證明上帝存在有不少的困難，而現在要我們否認惡魔的存在卻是一件不可能的事情了。你說，這荒唐還是不荒唐呢？惡魔的存在在邏輯上是可能的，任何事情，只要不是自相矛盾的，那麼在邏輯上都是可能的。

　　於是，笛卡兒在《第一哲學沈思錄》中這樣寫道：

因此我要假定有某一個惡魔，而不是一個真正的上帝（他是至上的真理源泉），這個惡魔的狡詐和欺騙手段不亞於他本領的強大，他用盡了他的機智來騙我。我要認為天、空氣、地、顏色、形狀、聲音以及我們所看到一切外界事物都不過是它用來騙取我輕信的一些假象和騙局。我要把我自己看成本來沒有手，沒有眼睛，沒有肉，什麼感官都沒有，而錯誤地相信我有這些東西。

……

因此我假定凡是我看見的東西都是假的；我說服我自己把凡是我裝滿了假話的記憶提供給我的東西都當作一個也沒有存在過。我認為我什麼感官也都沒有，物體、形狀、廣延、運動和地點都不過是在我心裡虛構出來的東西。那麼有什麼東西可以認為是真實的呢？除了世界上根本就沒有什麼可靠的東西外，也許再也沒有別的東西的了。

笛卡兒繼續說道：「我曾經說服我自己相信世界上什麼都沒有，沒有天，沒有地，沒有精神，也沒有物體；難道我不是也曾說服我相信連我也不存在嗎？」但是如果我曾經說服我自己相信過什麼東西，或者僅僅是我想到過什麼東西，那麼毫無疑問的我是存在的；而且如果有一個非常強大、非常聰明的騙子，他總是用盡一切力量來欺騙我。因此結論自然也就是：「如果他騙我，那麼毫無疑問我是存在的；而且他想怎麼騙我就怎麼騙我，只要我想到我是一個什麼東西，他就總不會使我成為什麼都不是。」因此如果一個騙子在騙我是一個事實，那麼我的存在也就是一個確鑿無疑的事實。如果我在思想，那麼我

就存在；如果我在懷疑，那麼我也同樣存在。

　　但是這個爲騙子所騙並且能思想、能懷疑的「我」又究竟是什麼？顯然這樣的「我」不是一個物體。因爲物體如桌子、椅子、樹木等是物理客體，惡魔會使我相信它們是不存在的，而且它會使我產生一種幻覺，就是關於這些東西存在的幻覺。但是至少我意識到我具有關於這一切的經驗。於是笛卡兒總結道：

　　　　現在我覺得思維是屬於我的一個屬性，只有它不能跟我分開。有我，我存在這是靠得住的；可是，多長時間？我思維多長時間，就存在多長時間；因爲假如我停止思維，也許很可能我同時停止存在了。我現在對不是必然真實的東西一概不承認；因此，嚴格來說我只是一個在思維的東西，也就是說，一個精神，一個理智，或者一個理性。

　　　　……我既然已經確實知道了我存在，同時也確實知道了所有那些影像，以及一般說來，凡是人們歸之於物體性質的東西都是很可能不過是夢或幻想……那麼我究竟是什麼呢？那就是說，一個在懷疑、在領會、在肯定、在否定、在願意、在不願意，也在想像、在感覺的東西。

　　一個騙子要欺騙一個人，就必須有這樣一個被欺騙者存在著，否則這樣的騙局就不可能發生。既然我被騙子欺騙了，那麼我也就存在著。但是這裡的「我」並不是通常意義上的有一定高度並有一定重量的作爲物體的我，而只是一個能思想、能懷疑的我。這一騙子騙我相信存在著一個世界。因此我的存在也是肯定的。

　　如果說我是一個能思維的存在，那麼當我說我是一個能思維的心靈時這一說法的具體涵義是什麼呢？這個問題具體說就是，在笛卡兒意義上的我所具有的知識是關於什麼的知識。我知道我作為一個能思維的東西存在著，我知道我會思想、會懷疑、會感覺，我甚至知道我有感覺經驗。

　　我知道我有感覺內容，那麼我們能否由我具有感覺內容而進一步斷定存在著一個能夠引起感覺內容的物理世界呢？笛卡兒是斷然否定了這一看法。他認為，我所具有的一切感覺內容是惡魔所給予的，是惡魔引起了我的感覺經驗。這樣的物理世界就是惡魔欺騙我們相信其存在的主要的一件事情。我們有任何方法證明這樣的惡魔不存在嗎？

　　笛卡兒是透過證明仁慈的上帝的存在來否定惡魔的存在。這位仁慈的上帝是不會欺騙我的。事實上，很多研究笛卡兒哲學思想的學者都認為，笛卡兒引進這樣的上帝作為感覺經驗來源是他的哲學論證中的一個錯誤。因為既然他透過設立這一位仁慈的上帝否定了惡魔，他又怎麼能夠證實他對上帝的信念，他又怎麼能夠知道上帝是感覺經驗的來源呢？而且他關於上帝產生人的感覺經驗的看法本質上與惡魔產生人的感覺經驗的看法並沒有實質性的區別。如果我們批評了他的關於惡魔的設定，那麼我們也就必然地要推翻他關於上帝存在的證明。

　　在笛卡兒的哲學思想中，「懷疑一切」並不是目的，而是一種手段。透過這一手段清除一切可以懷疑的東西，以便空出地方，「然後或者安放上另外一些更好的意見，或者當我把原來的意見放在理性的尺度上校正之後，再把它放回去。」懷疑是為了排除可以懷疑的東西，其目的是為了尋找無可懷疑的「清楚明白」的觀念。笛卡兒是否找到了這樣的「清楚明白」的

觀念呢？如果你仔細地閱讀了我們關於笛卡兒的懷疑方法的論述，那麼你肯定會清楚，他所找到的所謂「清楚明白」的觀念就是能思維、能懷疑的「我」。要注意的是笛卡兒所謂的「我」所具有的唯一屬性就是思維或懷疑或思想。這樣的「我」可以沒有身體，可以沒有我們所認爲的我必須具有的一切，甚至沒有「我」生活於其中的天、地、空氣、聲音、形狀等等物理客體。但能思想、能懷疑的「我」是不可能沒有的。可見，這樣的能思想或能懷疑的「我」是笛卡兒哲學思想體系的阿基米德點。於是，他的哲學思想體系中的第一條原理就是「我思故我在」。

從這一條原理出發，笛卡兒又進一步推出了「上帝」這一觀念。他認爲「懷疑」表明我是不完善的，但我的心中卻存在著一個無限完善的「上帝」觀念，上帝的觀念根本不可能是由我產生的，因爲本身不完善的東西不可能產生完善的東西。完善的東西必然只能由完善的東西形成的，而世界上極完善的東西只有一個，這就是上帝。這一推導過程暗含著這樣的前提，這就是上帝必須先存在，然後才有可能由上帝把「上帝」的觀念放進我的心中。就是這樣從我心中的上帝的觀念，笛卡兒推出了上帝的存在，並進而推出了外物的存在。

笛卡兒就是運用上述的方法一步一步地形成了自己的哲學思想體系。如果你對笛卡兒的哲學思想感興趣的話，可以花些時間讀讀笛卡兒的哲學著作。

笛卡兒的系統懷疑方法在哲學史上產生了巨大的影響，這種影響可以說一直持續到了今天。我們現在所處的時代應該說已經大大地不同於笛卡兒的時代了，但哲學的懷疑論思想在今天依然和在笛卡兒時代一樣有其存在的價值。需要注意的是懷

疑的方法須有現代的形式，現在流行的是瘋狂的科學家的懷疑論設定。這一設定完全是笛卡兒關於惡魔設定的現代翻版。

它的具體內容如下：這一現代懷疑論假設至少有一位具有物理客體意義上的有機體，他就是一位科學家。他的全部的人生目的就是要欺騙我們，以便讓我們相信存在著比如樹木、石頭、日、月、星辰等等。

由於時代的前進，這位科學家已經完全可以運用現代的科技方法來進行欺騙了。他的具體做法是在他的實驗對象的頭蓋骨上鑿個洞，當然這樣的行動必須是毫無疼痛地進行。然後把電極的一端插入實驗對象的腦的某個部位，電極是透過電線與實驗儀器連接在一起的。這位科學家透過電極把電流刺激送進受試者的大腦之中，他控制著實驗儀器，借助於駕馭各種開關把自己的各種瘋狂的想法灌輸給受試者。

當我們看見一塊石頭，我們會說：「我看見一塊石頭在那兒。」如果在那兒並沒有石頭，但是由於這位科學家控制著我們的頭腦，使我們認為有一塊石頭在那兒，那麼「我知道一塊石頭在那兒」就不可能是真的。因為如果這一信念是假的，我們就不能知道到底有還是沒有石頭。如果我們確實知道有石頭，那麼我們就能知道這位科學家沒有欺騙我們。但是根本不可能有人知道這樣的事實，即沒有科學家在欺騙人。因此結論也就是，沒有人能夠知道有石頭這一事實。

這一論證似乎與日常生活中所經常運用的論證不同。在日常生活中，我們會經常碰到這樣的事情。例如當我們聽到一聲巨響，我們就會相信是汽車爆胎了。要驗證這樣的事情是相當簡單的，你只需跑到室外看一看，果然有一輛汽車的輪胎爆炸了，於是我們也就知道我們的信念是對的。又如當醫生輕輕地

敲打你的腹部之後，她相信你是得了闌尾炎；當她看見腫脹的
闌尾之後，更加確信你是得了闌尾炎。眼所見的便是直接證
據，而聽見和輕輕地敲打就是間接證據。直接證據和間接證據
的結合更加強了我們的信念。但是在惡魔的設定和科學家的設
定之後，事情就變得複雜萬分。如果這樣的設定是正確的，那
麼作爲欺騙的對象的我們也就自然會相信我們看到了洩了氣的
汽車輪胎或者看到了腫脹的闌尾。事實上，我們所看到的這一
切只不過是一場大騙局中的部分。但是我們都受了騙，認爲物
理客體實實在在存在。

　　這就是科學家的設定。

　　在哲學史上，哲學每前進一步都必然伴隨著懷疑論者的身
影。幾乎每一個哲學問題都毫無例外地受到懷疑論者的挑戰。
如古希臘的懷疑主義者皮浪這樣說道：「我們對任何一個命題
都可以說出相反的命題來。」所以說我們對事物可以形成確切
知識的看法是武斷的，是沒有經過審愼的思考後做出的結論。
在哲學的討論和研究中完全否認懷疑論的理論價值和意義是錯
誤的，因爲懷疑論至少能推進我們更加深入細致地研究哲學領
域所涉及的每一個理論問題，能夠啓動我們的思想，使我們的
思想始終處於一種活躍的狀態之中。如果說哲學起源於驚訝，
那麼我們便可以接著說懷疑推進著哲學的研究和思考。我們每
天都看見太陽從東邊升起，對此我們確信無疑。但英國哲學家
休謨卻感到迷惑。他的問題不是說，他懷疑太陽明天會從東邊
升起，而是追問你說太陽明天還將從東邊升起，那麼你這樣說
的根據何在？記住，他要求的是你給他一個根據或原理性的東
西來使他相信太陽明天還將從東方升起。可見，休謨對我們日
用不知、熟視無睹的現象，表示出極大的懷疑。他的發問可以

說提出了哲學史上一個最為困難的問題。直到今天，我們還是不能解決他的問題。但他的問題促使歷史上的許多哲學家執著地去尋求這個問題的答案，康德就是在休謨的觸動下從其獨斷論的「迷夢」中驚醒的。人們都普遍地認為，自然界存在著規律性的東西，我們的任務就是去發現這些規律，但休謨卻對此懷疑。他指

康德

出，自然界並沒有這樣的規律，我們之所以認為有這樣的規律，是由於一類事物中的一個出現時，另一類中的另一個事物也同時出現。這樣的現象不斷出現，於是人們也就習慣於認為，這兩類事物之間有著規律性的東西。休謨說：「不對。」現象之間並沒有這樣的規律。所謂的規律只不過是我們心理上的期待或聯想。康德認為，休謨的看法是對的，因此他的哲學任務就是要尋求普遍必然性的東西在什麼地方。他的答案是這樣的：具有普遍必然性的規律不存在於外在世界，而是認識主體給予自然界的，人為自然立法。康德的看法，我們可以不同意。但康德試圖去解決休謨的問題的歷史，我們似乎不能否認。康德之後的許多哲學家也在步康德的後塵，認真地去解決休謨的問題。

在此我們必須注意的一個問題是，懷疑論哲學思想關注的焦點究竟是什麼呢？皮浪主義之所以提倡懷疑主義，是要借助於否認外在事物的知識的可能性來達到「不動心」、不受干擾的理想生活。對外在事物採取冷漠無情的態度的目的，是要人回

過頭來關心自己。笛卡兒懷疑一切之後，得到的是「清楚明白」的「我」。貝克萊否認物質實體的眞實性，認爲「物是感覺的複合」，但他卻認爲精神實體是不可否認的，上帝是確確實實地存在的。休謨則更進一步地指出，與物質實體一樣，精神實體也同樣是不存在的，存在的只是一束知覺之流。康德在休謨哲學思想的基礎上百尺竿頭更進一步，高揚認識主體的自我意識。羅素也同樣指出，什麼都可懷疑，唯一不可懷疑的是感覺材料，感覺材料是私人的。敘述至此，卡西爾的話情不自禁地在我們耳邊響起。他在其《人論》一書中說道：「即使連最極端的懷疑論思想家也從不否認認識自我的可能性和必要性。他們懷疑一切關於事物本性的普遍原理，但是這種懷疑僅僅意味著去開啓一種新的和更可靠的研究方式。在哲學史上，懷疑論往往只是一種堅定的人本主義的副本而已。藉著否認和摧毀外部世界的客觀確實性，懷疑論者希望把人的一切思想都投回到人本身的存在上來。懷疑論者宣稱，認識自我乃是實現自我的第一條件。爲了歡享眞正的自由，我們就必須努力打破把我們與外部世界連結起來的鎖鏈。蒙田寫道：『世界上最重要的事情就是認識自我。』」

爲了追求眞理，我們必須要將所有可能懷疑的事物懷疑一遍。在哲學研究上，或者在其他的學術領域內，我們都應該採取這樣的批判和懷疑的精神。但我們在此必須要注意的是，在生活中我們不能採取同樣的普遍懷疑的態度。笛卡兒就是這樣規勸過我們，他說道：「只有在思維眞理時，我們才可以採用這種普遍懷疑態度。因爲在人事方面，我們往往不得不順從大概可靠的意見，而且有時我們縱然看不到兩種行動哪一種概然性較大，我們也得選擇一種，因爲在擺脫懷疑之前，往往會錯

過行動的機會。」胡適也是主張在學術研究上要採取嚴格的懷疑的態度，但在人事上他也是主張在「有疑處不疑」。這一點是很重要的。

4.2 分析方法

4.2.1 分析方法的基本性質

在笛卡兒的哲學中懷疑不是目的，而僅僅是一種手段，是為了積極地尋找「清楚明白」的觀念作為哲學知識大廈的牢固基礎。在笛卡兒看來，他的懷疑方法是卓有成效的。透過對笛卡兒懷疑法的介紹，我們可以清楚地看到，懷疑的進行並不是任意地進行的，而必須要能夠「說出道理」，或者用我們慣常的說法就是，你要懷疑是可以的，但你必須給我一些理由，讓我相信你的懷疑是有理由的，而不是胡亂地瞎說一氣。這就是說，懷疑也需要充足的理由。比如笛卡兒說，所以要懷疑是因為有許多偏見妨礙我們追求真理，是因為我們的老師傳授給我們的知識可能是不真實的，是因為我們的感官可能會欺騙我們。

同樣，要分析和解決由懷疑提出的問題也需要提供充足的理由。所謂的提供理由在方法論上講就是要提出論證。從事哲學研究的一個很重要的內容就是要學會論證的方法。從這個意義上講，哲學就是論證的藝術。因此我們要學會把自己的思想組織或安排成有條理、有秩序的首尾一貫的思想或觀念的體系，不能使自己的思想體系互相矛盾、互相衝突。

　　哲學思想體系是由概念組成的。如果任何一個哲學思想體系是有意義的話,那麼這樣的思想意義的基本單位就是概念。這就決定了在方法論上,我們必須要做的第一步便是,概念的意義必須要明確。一個由模糊不清的概念組成的哲學思想又可能具有什麼意義呢?那麼概念意義明確的方法又是什麼呢?稍有方法論常識或邏輯學方面的基本知識的人都知道下定義的方法是使概念意義明確的最好的方法。下定義的方法又可稱之為分析的方法。英國哲學家摩爾說,分析就是給概念或命題下定義的方式。羅素也同樣認為,分析是一種下定義的方式。所謂下定義就是把被分析的概念所具有的各種不同的特性以及它們之間的各種關係列舉出來。分析哲學家之所以非常強調分析的方法,是由於他們看到哲學史上所出現的種種問題都是由於哲學家們沒有真正地搞清楚他們所討論的問題或命題的確切涵義。一個連問題的確切涵義都弄不清楚的問題顯然是不可能得到明白無誤的解決的。羅素指出,哲學中通常使用的那些概念是非常含混不清的,引起了種種的混亂,所以必須對哲學史上所使用的那些作為基礎性的概念進行澄清。他說,需要加以澄清的概念有「心、物質、意識、知識、經驗、因果觀、意志和時間。我認為所有這些概念都是不精確的和大致近似的,它們的主要毛病是含混不清,不能夠成為精密科學的一部分」。兩千年來,哲學之所以沒有取得決定性進展的真正原因,就是我們用以表達哲學問題的語言是含混不清的。

　　要想解決問題,就必須首先要真正搞清楚我們要回答的究竟是些什麼樣的問題、這些問題是不是真正的哲學問題。這正像羅素所說的那樣,真正的哲學問題都可以還原為邏輯問題。於是,他如是說道:「這並非出於偶然,而是由於這個事實,

即每一個哲學問題，當我們給以必要的分析和提煉時，就會發現，它或者實際上根本不是哲學問題，或者在我們使用邏輯一詞的意義上說是邏輯問題。」他的結論是「邏輯是哲學的本質」。這樣看來，你要了解哲學的本質就得知道什麼是邏輯。邏輯是哲學的入門。

正是基於這樣的立場，羅素反覆強調，哲學的任務就是要進行邏輯分析。不僅羅素強調邏輯分析方法的重要，所有分析哲學家也都是無例外地普遍重視分析方法的重要意義，將其看成是哲學研究的主要的甚至是唯一的方法。如英國哲學家艾耶爾就清楚明白地指出過：哲學是一種語言分析活動，特別是一種下定義的活動。他這樣說道：「概括言之，我們可以說，哲學定義的目的在於排除那些由於我們對語言中某些類型的句子不完全了解而產生的混亂，在這些句子中，或者因為沒有同義詞，或者因為現有的同義詞與這些引起混亂的符號同樣地不清楚，因此這種需要未能透過符號提供同義詞的辦法而得到滿足。」由於分析哲學家中的大多數是把哲學看成是一種分析活動，所以在他們，尤其是維也納學派的成員看來，哲學並不是與科學並列的一種學科，而僅僅是分析表達科學的命題究竟有無意義的一種活動。

在分析哲學家們看來，所謂的邏輯分析就是要以現代邏輯為工具，從形式方面分析日常語言和科學命題的意義，以便準確地解決或消解哲學問題。

根據學術界的看法，分析哲學的歷史可以一直追溯到十九世紀末和二十世紀初英國哲學家羅素和摩爾，他們兩人極力反對當時在英國哲學界占統治地位的新黑格爾的絕對唯心主義的哲學思想體系，而大力提倡新實在論的觀點。新黑格爾主義是

一種脫離實際生活、注重絕對統一的思辨體系，強調的是統一的思想體系的建構。羅素和摩爾則針鋒相對地反對建立像黑格爾主義這樣龐大的思辨哲學思想體系，而積極提倡一種分析方法，主張要一個一個地解決問題。對所要解決的問題抽絲剝繭、條分縷析，解析出概念、命題所蘊涵的種種意義及它們之間的種種不同的關係。在他們看來，哲學就是要運用分析方法來分析、處理和解決與實際人生有著密切關係的哲學問題，而不是像黑格爾主義者或新黑格爾主義者那樣沈涵於遠離實際人生的純粹抽象思辨的王國之中。

那麼現在的問題就是「如何來理解邏輯分析呢」。

上面已經指出過，邏輯分析的任務就是要澄清概念或命題所包含的種種確切的涵義。下定義就是澄清概念或命題涵義的最好的辦法。而所謂的下定義就是以一個或幾個概念來說明另一個概念。這兩個或多個概念應該是等值的。可見，下定義涉及到的是概念之間的關係。分析就是揭示出被定義的概念如何向其他的概念過渡。被分析的概念不是孤立的，而是一個整體。因為每一個概念事實上都是與其他的概念緊密相連。可以說，所謂分析就是將被分析的概念從與之緊密聯繫的整體中分離出來。被分析的是整體，分析的是部分，所以，所謂的分析究其實質而言就是部分與整體之間的關係，或者說是概念與概念之間的關係，或者說是命題與命題之間的關係。揭示出部分與整體之間、概念與概念之間、命題與命題之間的蘊涵關係就是邏輯上所謂的推理。所以，在這樣的意義上，我們又可以說，分析就是關於推理的推理，就是關於如何合理地把概念組織成一個緊密相連、前後一貫的系統的方法論。

4.2.2 分析方法個案的運用

下面我們將討論關於「知識」這一概念的定義問題。無疑，「知識」是認識論或知識論討論的一個核心概念。而且從事認識論或知識論研究的哲學家無一例外地都自稱是分析哲學家。透過對「知識」這一概念涵義的討論，我們可以了解哲學家們是如何來從事概念或語言分析的。下面的討論是以現代分析哲學的立場為背景。傳統的認識論或認識論討論的重點，是我們究竟是透過什麼樣的方式或途徑而得到知識的，但在分析哲學家看來，知識論所要分析或探討的問題已經發生了變化，現在他們最為關心的是如何來給「知識」這一概念下定義，或如何澄清「知識」概念的涵義。

1. 傳統的知識定義

在此，我們首先需要討論的是傳統的知識定義，接下來討論傳統知識定義的缺陷及究竟該如何來修正這一定義。

下面我們就從分析傳統知識的定義來開始我們的討論。

在哲學史上，關於「什麼是知識」這一問題一直是仁者見仁、智者見智，充滿著激烈的爭論。爭論儘管激烈，但是這些爭論大都是在一些具體的論證方面。對於知識的定義，絕大多數的哲學家還是贊同柏拉圖在《泰阿泰德篇》中對知識的傳統看法，即知識是經過證實了的真的信念。這是哲學史上第一個關於知識的定義。由於這一定義是柏拉圖首先在《泰阿泰德篇》中提出的，所以什麼是知識的問題又叫做「泰阿泰德問題」。

一般而論，知識可區分為經驗知識（或後驗知識）和非經驗知識（或先驗知識）兩大類。有的哲學家乾脆就否認先驗知

識的存在，還有的哲學家則認爲這類知識可歸於一種更爲根本的知識種類。

經驗知識的證實毫無疑義地要依賴於感覺經驗。與之相反，先驗的知識的證明則不依賴於感覺經驗，而依賴於康德所謂的「純粹理性」。在萊布尼茨和休謨的哲學中已有經驗知識和先驗知識的分類，但是關於這兩類知識的現代分類則主要地源於康德的《純粹理性批判》。

什麼樣的感覺經驗條件下才能形成經驗知識所必須的證實是知識理論研究中一個最爲困難的問題。同樣，關於先驗知識形成的具體條件也是一個懸而未決的理論問題。關於物理客體的知識顯然是屬於經驗知識的範疇，而關於邏輯、數學等學科的知識則不是經驗知識。我們關於後者的證明斷然不能來自於經驗和依靠經驗。

我們現在討論的重點是經驗知識的定義及其證實，所以關於先驗知識的問題不是我們當下要討論和解決的問題。

在此，我們首先要討論的問題是經驗知識究竟是如何構成的問題。這個問題也就是要求我們明確地指出形成知識需要哪幾個成分。對於這個問題在歷史上早已有了一個明確的答案，這就是柏拉圖在他的《泰阿泰德篇》中所給的經典性的回答，即所謂的知識必須要能夠滿足如下的三個條件：信念的條件、眞的條件和證實的條件。合而言之，知識是經過證實了的眞的信念。

我們由此可見，知識和信念有密切的聯繫。這就是說，知識一定是信念，但是信念卻不一定是知識。信念是構成知識的必要條件，卻不是充分條件。說信念是構成知識的必要條件是說，如果沒有信念，那麼就沒有知識；說信念不是知識的充分

條件是說，有了信念，但卻不一定有知識，這也就是說，沒有信念就必然沒有知識，所以，信念是形成知識的第一個條件，或者說是構成知識的主體因素。比如說，我們知道太陽系有九大行星，這是一個客觀的事實，而且也是一個極其普通的科學常識。但是，如果我不相信這是一個事實，那麼太陽系有九大行星這一事實，相對於我而言絕不是知識，因為它首先不是我的信念。要使這一事實成為我的知識的第一個條件就是作為認識主體的我要相信這個事實，要使它成為我的信念。總之，知識必須是信念。

但是，人們卻也經常會相信某些實際上並不存在的事物，當然這樣的信念也不是知識。比如，有些人堅定地相信，鬼是確實存在的。你不相信，就要問他，請他告訴你鬼在什麼地方存在。他當然是說不清楚的。雖然他說不清楚鬼在何方，但對鬼之有卻堅信不疑。這樣的信念不是知識。又比如基督教的信徒是相信上帝存在的。上帝的存在當然是無法經由理性的方式證明的，但他們卻確信無疑。他們確信無疑是因為他們信仰上帝，因為信仰上帝，所以他們認為上帝是存在的。這樣的信念也不是知識。可見，知識只是信念中的一種，即信念必須同時是真的，並經過證實，才能成為知識。

需要注意的是，我們此處所談的信念絕不是純粹主觀的或與主觀相類似的信念，而是指與認識的客體密切相連的那些信念。如我們相信太陽系有九大行星這樣的信念就是這樣性質的信念。

透過上面的分析，我們可以清楚地看到，信念只是形成知識的第一個條件，而不是形成知識所需要的全部條件。

那麼，信念要轉化為知識所需要的第二個條件是什麼呢？

根據柏拉圖的看法，知識所需的第二個條件就是信念必須是眞的。

在這裡，我們不必討論透過什麼途徑來證實某一信念是眞的這一問題。我們需要注意的是這樣的一點，即如果我們所相信的不是眞的就不能成爲知識。比如一個人相信他所熟悉的一個人已死了，但實際上此人還健在，這樣的信念不是眞的，所以它不能轉化爲知識。在這種情況下，這個人只能說，他事實上並不眞正知道他朋友近來的情況。既然不知道，他也就相應地不具有關於他的朋友的知識。

於是，我們可以清楚地看到，知識是不同於相信、驚奇、思考、希望這些心理狀態。當然你相信某種信念是眞實的時候，你無疑會有某種心理狀態。但是知識並不僅僅描寫或摹狀人們的某種心理狀態，而且它還必須要指明人們所擁有的某一信念是眞的。這也就是說，信念的眞意味著信念與信念對象的一致或符合。這樣的眞實際上便是哲學上大部分哲學家所堅持的信念和外在世界之間的符合。這種眞理符合說固然有好多理論上的問題，但是在討論和研究知識理論時是斷然少不了它的。

知識是眞的信念，但是眞的信念卻不一定是知識。假如一個人並不具有任何的眞正理由，但是他卻堅定地相信明天將會下冰雹，在他所生活的這個地區自有史以來就一直沒有下過冰雹，而且現在的天空也異常的晴朗，同時天氣預報也反對了他的看法，報導說明天天氣將是晴朗的，然而第二天卻天公不作美居然下起了冰雹。於是，這個人的信念可以說是眞的，而且他本人也堅定地相信這一信念是眞的。但是，我們在這裡卻可以明確地指出，儘管這個人的這一信念是眞的，然而很遺憾的

是這一信念仍然不是知識。這是為什麼呢？理由很簡單，這個人的信念缺乏充分的理由或材料的支持，所以這一信念僅僅是一種幸運的猜測。有人會這樣子來回答我們說，如果說他在預料的當日說明日要下冰雹時沒有證據，所以他不具備相關的知識。但是第二天不是下起了冰雹了嗎？他親眼看見冰雹落在了地上，這就是證據，證明了他的預料是正確的。他的預料為證據所證實了。所以在他預料的第二天，他的這一信念也就自然地轉化為了知識。為什麼你偏說，他還是不具備知識呢？這是因為要使真的信念轉化為知識，我們還需要第三個條件。那麼什麼是第三個條件呢？

這個條件就是，我們必須要有充分的證據來證實我們所擁有的信念是真的。真的信念必須要得到完全的證實才能構成知識。在這裡，完全的證實是一個很重要的概念。因為部分的或不完全的證實是不夠的或不充分的。比如，我相信我的某一本書在我的書房的書桌上放著，因為我每天都放在同樣的地方，所以我相信它是不會有錯的。現在我不在書房裡，但是我還是認為並且相信這本書還仍然在老地方——放在我書房的書桌上。但是，儘管在這種情況下，除非我本人親自到書房去看一看，我仍然不能完全證實此書還仍然在原來的地方放著。雖然「我每天在書房裡都能看到這本書」這樣的事實能證實我的看法，即這本書還在原處放著，但是這樣的證實顯然不是完全的證實。因為我實在不能排除這樣情況的可能的存在，即有人在我不在書房的時候不經意地挪了這一本書，甚至把它拿出了我的書房。在形成知識的三個條件之中，證實的問題是一個最為複雜、最為困難的問題。這裡的一個主要的原因就是證據本身就是一個有程度上高低之分的問題。更為重要的是，我們究竟又

根據怎麼樣的標準來斷定什麼樣的證據是完全的、是充分的？而什麼樣的證據又是不完全、不充分的？這一問題可以說是知識理論研究中的一個最為重要的問題，我們不能在此詳細討論這一問題，而只能從大體上對知識證實的理論的種類作一介紹。而且我們在此的主要目的是要表明，對「知識」這一概念要素的分析揭示出了知識與知識的證實之間的關係。由知識的證實又進一步地過渡到各種不同的知識證實的理論。所以，知識這一概念並不是孤立存在的。分析知識這一概念，我們形成一完全系統的知識理論系統。

經驗知識的證實理論共有三種。

第一種是「基礎主義的證實理論」（foundation theory of justification）。根據這種證實理論，知識的證實建立在某種基礎之上，這一基礎就是證實的初始前提。這些前提向我們提供了自身已得到了證實的基本信念，而所有其他的信念都是依據這些基本信念才能得到證實。

基礎主義證實理論的提倡者的初衷在於要迴避或取消知識證實過程中所出現的無窮回溯或循環證實的困難。因為證實的過程就是一個推論的過程。證實一個經驗的信念是真的，就要提供一個或多個理由來證實這一信念是真的。但是這一用來證實某一信念為真的理由本身就是一信念，因此它本身在作為證實的前提之前也必須得到證實，而且用來證實這第二個信念的信念也必須以同樣的方式得到證實。以此類推，以至無窮。於是經驗知識的證實過程將會陷入信念證實的無窮的惡性回溯的困境之中。由於每一信念的證實在這一過程中都依據於先在的信念，因此我們就將發現信念的證實過程根本就不可能有一個出發的點。所以，從這樣的基礎主義的理論困境中就很容易得

到懷疑主義者所喜歡的結論，這就是既然沒有人最終有任何理由認為自己的信念是真的，那麼在實際上也就根本不可能有任何經驗性的知識。為了要消除這一證實理論的困境，從而避免懷疑論者的結論，我們就有必要採取基礎主義的立場，即基本信念無需訴諸其他的前提就可以得到證實。

　　基本信念是用來證實其他信念的證據。經驗主義者認為，知覺（如我看到一黃的東西）就是基本信念。他們認為，如果沒有知覺，那麼所有的經驗知識的證實都將是不可能的。又如理性主義者笛卡兒認為「我思故我在」，「我思」是應該無可懷疑的事實，如果我們懷疑它，那麼我們就會陷入自相矛盾的困境之中，所以「我思故我在」顯然就是笛卡兒全部哲學思考過程的起點，事實上，他也就是以這樣的起點來推出外物和上帝的存在。正是基於這樣的考慮，所以基礎主義者就斷然的宣稱，除非存在著某些基本的信念，我們就根本不可能有證實過程得以進行的開端，進而陷入懷疑主義的理論困境之中。在他們看來，如果沒有這樣的基本信念，整個知識大廈就會因此而塌陷。

　　第二種證實理論是「融貫論」（coherence theory of justification）。融貫論的倡導者們堅決地反對基礎主義者的證實理論。他們從根本上就否認了基本信念的存在的必要性。他們認為，應該將證實（justification）和論證（argumentation）、推論（reasoning）加以區別。對於他們而言，根本不需要什麼基本的信念，因為所有的信念都將由它們與其他信念，將由所有這些信念相互之間的一致的關係，而得到證實。所以在他們看來，證實過程的確立是由於信念和信念之間的和諧及一致的關係及其彼此支持的方式，而絕對不是由於這些信念是建立在所

謂的基本信念的基礎之上。

　　那麼現在我們面臨的主要問題就是，融貫論的證實理論企圖不訴諸於基本信念，能否成功地避免這種由前提到前提的無止境的回溯的理論困境呢？融貫論者認為，在具體的條件下，只有當信念是否是知識成為一爭論的對象時，證實的過程才需要展開和進行。這樣，如果我們假定證實是對質疑或問題的回應，那麼我們也就沒有理由來假定論證的過程需要超越一致的意見所允許的範圍。這樣，儘管所有得到完全證實的信念需要由證據得到證實，但是所有那些運用來為其他有關信念辯護的信念本身無需證實，它們只是在引起爭論的場合之下才需要證實。正如我們透過尋找一致認可的前提來結束無休止的爭論一樣，我們或許可能無需憑藉基本信念而避免證實回溯的理論難題，因為信念是透過它們與信念系統的一致或融貫的方式而得到完全證實的。如我看見了一黃色的東西這樣的知覺信念就是透過它與告訴我在什麼條件下我能看見黃色東西的信念系統的融貫的方式才得到證實的。由上面的分析，我們可以清楚地看到，是融貫而不是推論或論證形成證實的。

　　第三種證實理論叫作「外在主義」（externalist theory of justification）。這種外在主義的證實理論反對上述的基礎主義和融貫主義的證實理論。這種理論的倡導者認為，我們為了獲取知識，既不需要基本信念，也不需要信念之間的融貫。我們在獲取知識的過程中所需要的只是信念與實在之間的某種關係。因果關係就是這裡所需要的外在關係。在某種既定的場合下，使我看見了一紅色的東西這一信念轉化為知識的既不是所謂的基本信念，也不是這一信念與信念系統之間的融貫，而是我的這一信念是由我本人看見了某一外在的紅色東西而引發的。持

外在主義立場的哲學家們甚至進一步認爲，證實對於知識來說並不是必不可少的。他們認爲，我們眞正所必需的只是信念和外在事物之間的某種外在關係。外在主義者的這種理論或許可以稱之爲外在主義的證實理論。

上述的三種證實理論之間雖然有種種的差異，但是這三種理論之間也並不是水火不相容的，如外在主義雖然在一定程度上反對基礎主義，但是外在主義本身實際上也是基礎主義的現代變種，因爲這種理論實質上把信念和外物之間的外在關係看成是使信念轉爲知識的基礎，所以其理論基本上還是落在了基礎主義的框架之內。由於這三種證實理論並不是絕對對立的，所以解決知識理論中的最困難的證實理論問題的出路似乎是將基礎主義證實論、融貫主義的證實論和外在主義的證實論結合起來，由此而形成完全的證實理論。

綜上所述，我們可以清楚地看到，知識就是證實了的眞的信念（knowledge is justified true belief）。在哲學史上，哲學家們很少對某些實質性的哲學問題達成一致的看法，但是他們對於知識構成的三要素這一問題卻沒有任何不同的看法。也就是說，哲學家們對傳統的知識構成論取得了一致的意見，雖然他們在這一領域中的某些細節上也有很多的分歧。

2. 對傳統知識定義的挑戰

但是，傳統的知識構成論在1963年卻遭到了致命的挑戰。愛德蒙·蓋特爾（Edmund L. Gettier）在1963年第六期的《分析》雜誌上發表了一篇文章，首先對傳統的這一知識定義發起了攻擊。他的這篇文章的題目就很富有挑戰的意味——〈證實了的眞的信念是知識嗎？〉，蓋特爾在文章中首先列舉了對傳統知識定

義的三種大同小異的表述方式：

(1)S知道P

　如果①P是眞的；

　　　②S相信P；

　　　③S相信P得到了證實。

　（在此，我們以S和P分別表示認識者和命題）

(2)S知道P

　如果S接受P；

　S有充分的證據接受P；

　S是眞的。

(3)S知道P

　如果P是眞的；

　S確信P是眞的；

　S有權利相信P是眞的。

　　對知識定義的這三種傳統的表述是很有代表性的。其中第一種表述是柏拉圖的。他在《泰阿泰德篇》二〇一和《邁農篇》九十八中，就有關於知識的這樣的定義。第二種表述是蓋特爾取自齊碩姆（Roderick M. Chisholm）在《察見：哲學研究》（1953）一書中對知識所下的定義。第三種表述是艾耶爾（A. J. Ayer）在《知識問題》（1956）一書中對知識所下的定義。

　　蓋特爾認爲，上述對知識定義的第一種表述是錯誤的，意味它並沒有形成充分的條件來指明「S知道P」這一命題的眞值，所以說它是錯誤的。第二種表述和第三種表述雖然分別以「有充分的證據」和「有權利相信」置換了第一種表述中的「相信P得到了證實」，但是，它們同樣也都沒有構成知識定義的充

分而又必要的條件。

接著蓋特爾又指出了如下的兩點：

如果「S相信P得到了證實」是「S知道P」的必要條件。那麼在這種證實的意義上，很有可能會出現這樣的一種情況，這就是，一個人相信了某一命題並且得到了證實，但是這一命題卻是一個假的命題。

對於任何一個命題P，如果S相信P並得到了證實，而且P蘊涵著Q，所以S從P演繹出Q，並接受了這一推演的結果的Q，這樣S相信Q也同樣得到了證實。

以上兩點對於蓋特爾反對傳統的知識定義是具有決定性的意義的，所以我們必須牢牢地記住這一點。因為就是根據這樣的兩點，蓋特爾列舉了兩個例子來說明傳統知識定義的失誤。

例證1

假定史密斯和詹姆士同時申請某一項工作，我們並且進一步假定史密斯對於下列的聯言命題有充足的證據。這一聯言命題如下：

> 詹姆士將會得到這一項工作，而且詹姆士有十枚硬幣在他的口袋裡。

史密斯關於這一聯言命題的證據可能是公司經理向他保證詹姆士最終將被選中，而且就在十分鐘前史密斯還親自數了數詹姆士口袋裡的十枚硬幣。上述的聯言命題a蘊涵著：將得到這一份工作的那個人有十枚硬幣在他的口袋中。

我們可以進一步假定史密斯看到了從聯言命題a到命題b的蘊涵關係，並在聯言命題a基礎上接受了命題b，並且他對命題a有充分的證據。在這一例證中，我們可以清楚地看到，史密斯

相信命題b是眞的確實是得到了明白無誤的證實。

但是，我們還可以進一步假定，史密斯本人並不知道，是他本人而不是詹姆士將得到這一份工作。而且同樣湊巧的是，史密斯也並不知道，他自己的口袋裡也正有著十枚硬幣。這樣，我們就能清楚地看到，聯言命題a是假的，但是從這一虛假的命題a卻推演出了眞命題b。

在上述的例證中，(1)命題b是眞的；(2)史密斯相信命題b是眞的；(3)史密斯相信命題b是眞的得到了證實。但是，一個非常清楚的事實卻是史密斯並不知道命題b是眞的。因爲命題b的眞是根據史密斯口袋裡的硬幣的數量，但是史密斯本人卻並不清楚他自己的口袋裡到底有多少硬幣。他相信命題b的眞卻依據於詹姆士口袋裡的硬幣的數量。

例證2

現在也讓我們假定史密斯有強有力的證據使他相信下列命題a：

詹姆士有輛福特車。

史密斯的證據得自於下列事實，即據他記憶所及，詹姆士在過去的很長一段時間確實有輛車而且就是福特車，就在前幾天詹姆士還讓他坐過福特車兜風。

現在讓我們再進一步假定，史密斯還有另一位朋友布朗，但是他並不清楚布朗現在究竟在何處。史密斯於是隨意選擇了三個地名，構成了下列三個命題：

或者詹姆士有一輛福特車，或者布朗在波士頓。
或者詹姆士有一輛福特車，或者布朗在巴賽隆納。

　　或者詹姆士有一輛福特車，或者布朗在布雷斯特─列陶伐斯克。

　　上述三個命題中的任何一個都蘊涵在命題a中。現在我們又進一步假定，史密斯看到了他根據命題a構造的命題間的蘊涵關係，而且根據命題a去接受命題b、c、d。史密斯從自己有充分證據的命題a推導出了命題b、c、d。於是，史密斯也就完全證實了自己可以相信這三個命題中的任何一個命題。當然，史密斯並不知道布朗的行蹤。

　　但是，現在讓我們再進一步假定另外兩個條件。第一個是，詹姆士事實上並不擁有一輛福特車，他現在駕駛的是一輛租用來的車。第二，由於完全的巧合，而且史密斯本人也並不知道，命題c提到的巴賽隆納正是布朗現在所在的地方。如果假定了這兩個條件，那麼史密斯並不知道c是眞的，儘管(1)命題c是眞的；(2)史密斯本人也相信命題c是眞的；(3)史密斯相信命題是眞的得到了證實。

　　蓋特爾的文章發表之後在知識論研究領域引發了一場曠日持久的爭論，至今在關於信念究竟應該具備多少條件才能轉化成知識這一問題上仍存在著不少的分歧，仁者見仁，智者見智，莫衷一是，仍無定論。

　　許多哲學家肯定了蓋特爾文章的價值，認爲他的文章是一篇經典性的文章，有重大的歷史意義，它改變了知識論研究的進程和方向。在六○年代末期至七○年代、八○年代，英美哲學界的許多哲學家都在傾其全力研究，在傳統的關於知識定義的三要素中還應該補充進什麼樣的新的要素，我們才能夠成功地構成一個關於知識的必要而又充分的定義。在蓋特爾之前，

英美哲學界就已經出現了把知識論的研究和心理學的研究及其他相關領域區別開來的趨勢，現在蓋特爾的這一篇文章更促進和加強了這一趨勢。這一趨勢使得熱衷於哲學分析的哲學家們把其全部的精力都放在純粹的知識論的問題之上。這一傾向的好處在於，它使處理哲學問題的方法越來越細密、分析的技巧越來越嫻熟、論證也越來越充分。但是，我們也同時看到知識論的研究終究是一門綜合性的學科，它所涉及到的許多問題並不能僅僅借助於分析和論證知識的形式的途徑就能得到解決，所以要推進和加強知識論的研究的一個有效途徑，似乎還是應該將知識論的研究和其他相關學科的研究再綜合統一起來，我們才能可望使知識論的研究有突破性的進展。

當然，也有些哲學家不同意蓋特爾的論點。他們認為，蓋特爾的反例證是依據於一種虛假的原則，即人們以假命題為證據相信並證實某一命題原則是假的。既然這一原則是假的，那麼蓋特爾的反例證也失效。他們認為，作為證據的命題必須是真的，它才能用以證實某一人去接受或相信某一命題。所以他們還是與傳統的「知識是證實了的真的信念」的看法認同。

又如阿姆斯壯（D. M. Armstrong）也反對蓋特爾的反例證。他在其《信念、真理與知識》（1973）一書中指出，蓋特爾的反例證有缺陷，因為這些例證完全依賴於如下的假的原則，即假命題能夠用來證實人們對其他命題的信念。他認為，只有當命題P被認為是真的時候，它才能夠用來證實另一命題h。

其實，對蓋特爾反例證的上述批評並不具有充足的理由，因為許多類似於蓋特爾的論證的論證並不依賴於上面所討論的虛假的原則。我們可以對蓋特爾所舉的論證稍加修改，來進一步申述我們的觀點。

　　假定詹姆士在告訴史密斯他有一輛福特車之後，並給他看
了他的駕駛執照。我們並且還可以這樣來進一步假定，詹姆士
在與史密斯的交往中一直是誠實可信的。在這裡，我們可以把
上述的證據組成一個聯言命題，這個聯言命題叫做m。這樣一
來，史密斯相信詹姆士有一輛福特車的信念得到了證實（這一
命題為r），結果當然也就是，他關於他的辦公室中某一人有一
輛福特車的信念得到了證實（這一命題為h）。

　　透過上述的例證，我們可以看到，命題m和命題h是真的，
而命題r卻是假的。因為史密斯相信命題h並且得到了證實，然
而事實是他卻並不知道命題h。

　　我們在這一例證中用來證實命題h的是命題r。但是既然命
題r是假的，所以這一例證就與這一有爭議的原則是相互衝突
的。由於命題r是假的，這樣它也就什麼都沒有證實。可見，原
則是假的，那麼反例證也就隨之無效。

　　現在，我們也可以把上面的例證再做一下修改。透過這樣
的修改後，為史密斯證實命題h的命題是真的，而且史密斯本人
也知道這一命題是真的。下面讓我們假定，史密斯從命題m推
演出下面這樣的命題n：

　　　　辦公室中有人告訴史密斯他有一輛福特車，並且給他
　　看了他的駕駛執照，而且此人在與史密斯的交往中始終是
　　誠實可信的。

　　由於史密斯是從命題m正確地推出了命題n，而且他也知道
命題m是真的，所以命題n是真的，同樣史密斯知道命題n是真
的。正是在命題n的基礎上，史密斯相信了命題h，即他的辦公
室中有一人有一輛福特車。這樣，我們也就可以清楚地看到，

史密斯對於命題h的信念是已經得到了證實的真的信念。而且他本人也知道使他相信命題h的證據也是真的，然而，事實上他仍然並不知道命題h。

總結上面的討論，我們可以知道，儘管一個命題能夠得到證實，並且用以證實這一命題的證據也是真的，或者說，被知道是真的，但是對於傳統的知識定義即知識是得到證實的真的信念仍然有能夠反駁它的例證。所以，蓋特爾反對傳統知識定義的看法並未被推翻。於是，在知識論的研究中，對於蓋特爾的挑戰，我們不能視而不見，聽而不聞，採取一種不聞不問的態度。正確的態度是，我們應該接受蓋特爾的挑戰，分析他所提出的問題，從而盡可能正確地解決問題。

蓋特爾的經典性的論文在知識論的研究領域中引起了強烈的回響。我們甚至可以這樣說，誰如果在蓋特爾的文章之後來研究知識論而不企圖來討論蓋特爾所提出的問題，誰也就不配或沒有資格來討論和研究在知識論的研究領域中所出現的種種理論問題。於是，許多文章都企圖來分析和解答蓋特爾的挑戰。許許多多的哲學家都在絞盡腦汁思考著，如何在傳統的知識構成的三要素之外來增補第四個條件，以使知識的定義趨於完善。

由於在蓋特爾的例證中，認識主體得到的經過證實的真的信念是從假的信念中推演出來的，所以關於知識的第四個條件必須是這樣的，即認識主體相信命題P的證據就不應該包括任何假的信念。

於是，我們就得到了關於知識的這樣的新的定義：

　　　S知道P

如果P是真的；

S相信P；

S相信P得到了證實；

S證實P的證據不應包括假的信念。

　　然而，對於這一新的定義，我們仍然可以提出反對它的例證。例如阿爾文·古德曼（Alvin Goldman）對於知識的第四個條件就提出了新的反例證。他的例證如下：假設你駕車向某一村莊駛去，你看到了你認為是穀倉的東西，你是在不太遠的地方，而且是在光線非常好的情況下看到它的，事實上它看上去就是和穀倉一模一樣。它就是穀倉。於是，你就認為你得到了經過證實了的真的信念：它是穀倉。但是，事實上，它並不是穀倉。當地的村民為了使穀倉顯得比實際上所有的更多些，所以他們建造了不少十分酷似於真實穀倉的模型。這樣，你從公路上一眼望去，根本不可能把這些模型和真正的穀倉區別開來。在這樣的情況下，就不能說，你知道你所看到的就是穀倉，儘管你有了經過證實的真的信念。

　　於是，怎麼樣來修改和補充傳統的知識定義依然是一個沒有得到解決的理論問題。為了解決這一問題，許多哲學家提出了不少解決的方案。但是，遺憾的是，沒有一個方案曾經得到哲學界的普遍認同。這樣，不但原來的問題沒有得到解決，而且還使問題越來越複雜，新問題層出不窮。更有甚者，哲學家們對知識這一問題的分析也越來越瑣碎。

　　我們認為，似乎解決問題的最佳途徑是要對蓋特爾的例證作更深入的分析，然後我們再來尋求解決的方案。既然蓋特爾反對傳統知識定義的兩個反例證都是以假命題為證據來證實另

一命題，那麼修補傳統知識定義的一個較爲理想的途徑似乎是在知識證實過程之中設法排除以假命題爲證據的可能性。

還有一個需要我們認眞思考的問題是，對知識給出一個精確的定義本身是否是一件可行的事情。筆者認爲，對知識給出一個完全充分而又得到普遍認同的定義本身就是一件根本不可能的事情。之所以這樣說的一個根本原因就是，在知識的傳統定義的三個要素中，證實這一要素從未被任何一個哲學家懷疑過，而且更爲重要的是知識所要求的證實必須是完全的證實，而不是部分的或不完全的證實。但是，只要細心地考察知識論發展的漫長歷史，我們就不難發現對一個信念作完全的證實是一件在事實上根本不可能做到的事情。而部分的或不完全的證實又不能滿足知識定義的要求。所以，從這個角度，我們就能看到，對知識下一個完全和充分的定義是不可能的。

雖然如此，我們還是能對知識給出一個滿足必要條件的知識定義，即用日常語言說，給出一個最低限度的定義還是必要的。所以，上述對於知識的定義還能差強人意，仍然有其合理性。而且更爲重要的是，我們現在的目的並不是在此給「知識」下一個必須得到公認的精確的定義，這樣做超出了我們現在的任務範圍。我們現在的目的是要使大家知道和切身地體驗到什麼才是眞正的哲學分析。

4.3 歸納方法

一般說來，哲學分析方法局限於語言或概念的範圍。我們上面對知識這一概念所作的分析就是這一方面的一個典型例

證。然而哲學的範圍不應該僅僅局限於語言或概念。如果說哲學是指導生活的藝術，那麼對我們日常生活中的種種經驗事實做出解釋就是它的義不容辭的職責。

不容否認，我們都生活在經驗世界之中。我們不可能離開經驗世界，正如我們不可能拔著自己的頭髮離開地球一樣。但是人類有著想知道我們所生活的世界之外的世界的本能或衝動，因此我們不滿足於經驗世界。那麼我們究竟憑藉什麼方法才能知道經驗之外的世界是什麼樣的呢？

所謂的經驗世界是指過去和現在的世界。但嚴格地說起來，過去的經驗世界也不是我們所能夠經驗的。於是，我們所能夠經驗到的只能是當下的這個現在進行式的世界。在日常的生活中，我們天天看到太陽從東方升起，當然前提是天氣晴朗。雨霧天氣太陽也會照樣升起，不過我們看不到而已。所以我們不會懷疑太陽明天是否還會升起，那麼我們不會懷疑太陽明天升起的理由是什麼呢？你可能會感到奇怪，太陽天天從東方升起，這還用懷疑嗎？難道這還用得著我們提供什麼理由嗎？

英國哲學家休謨並不這樣看，他堅持要我們拿出充分的理由使他信服，太陽明天照樣還會從東方升起。既然問題已經提出，我們就不能採取鴕鳥政策，對之不問不聞。現在的問題是，我們能夠拿出什麼樣的充分理由呢？你可能會這樣回答這一問題。你說：「因爲太陽天天從東方出來呀！所以它明天也會出來的。」這是以過去的事實作例證。既然我們在過去也常常問自己：「太陽明天還會從東方升起嗎？」事實是太陽沒有例外地從東方升起，所以明天太陽升起是沒有疑問的。問題是過去的「未來」也已成爲了過去，這樣的未來可以叫做過去的

未來。我們對於過去的未來有經驗，但對於未來的未來卻並沒有經驗。而我們現在的問題是過去和未來的未來之間的關係。對於過去的未來我們有經驗，但對於未來的未來並沒有經驗，所以過去和未來之間的關係依然是個問題。

如果過去能夠說明未來，那麼休謨的問題也就沒有任何價值。事實是，過去的例證並不能夠充分地表明未來一定像過去一樣。因爲這裡存在著一個從過去推出未來的推論過程，未來是存在於經驗世界之外的，所以我們不可能有充分的理由說明這樣的推理是合理的。從過去的經驗例證去推導未來可能是什麼樣的，就是歸納推論。

不僅過去和未來之間存在這樣的歸納推論，在經驗世界的個別事例之間也有這樣的歸納推論。比如說，我們看到一類事物中的一個出現時常常伴有另一類事物中的另一個，這樣的現象我們經常看到，從來沒有看到例外，於是我們得出這樣的結論，即在下一個場合，如果前一類中的一個事物出現，那麼另一類中的另一個也肯定會出現。這是從已經觀察到的事例去推出未曾觀察到的事例，這就是歸納推論。我們現在所討論的不是個別的歸納推論，而是使這樣的個別的歸納推論有效的歸納推論原則。羅素曾經這樣來表述歸納原則：「如果發現某一種事物甲和另一種事物乙是相聯繫在一起的，而且從未發現它們分離開過，那麼甲和乙相聯繫的事例次數越多，則在新事例中（已知其中有一項存在時），它們相聯繫的或然性也便越大。」

問題是我們究竟如何來說明這一歸納原則的有效性。如果它是有效的，那麼個別的或具體的歸納推論當然也就是有效的了。

休謨指出，對歸納原則的辯護只能訴諸於如下兩個方面，

一個是邏輯，一個是經驗。但他馬上就有力地否定了這兩個辯護。他說道：

> 一個人如果說：「我在過去的一切例證中，曾見有那些相似的可感性質和那些秘密的能力聯合在一起。」同時他又說：「相似的可感的性質，將來總會恆常地和相似的秘密能力聯合在一起。」那他並沒有犯同語反覆的毛病，而且這兩個命題不論在任何方面都不是同一的。你或者說，後一個命題是由前一個命題而來的推斷。不過，你必須承認，那個推斷不是直觀的，也並不是解證的。

這兩個命題不是同語反覆，所以兩者之間沒有必然的聯繫。說它們之間有推斷的關係，那麼這一推斷既不是直觀的，也不是解證的。不是直觀的，就否認了這一推理不具有推斷的自明性；不是解證的，是說這一推理不具有確定性和明白性。他堅決地主張解證的推論只限於觀念間的關係，而這裡所討論的卻是關於經驗的事實或存在的推論，所以這樣的推論也就只能是或然的了。他對這一辯護的否定是從邏輯方面著眼的，他指出這兩個命題之間並不具有演繹推理的必然性，這表明他正確地看到了演繹和歸納之間的嚴格的區別。

那麼這樣的推論是不是根據於經驗呢？休謨也同樣地否定了這樣的看法。他說：

> 說它是根據經驗的，那就是把未決的問題引來作為論證。因為根據經驗而來的一切推斷，都假設將來和過去相似，而且相似的能力將來會伴有相似的可感性質——這個假設正是那些推斷的基礎。如果我們猜想，自然的途徑會發

生變化，過去的不能爲將來的規則，那一切經驗都會成爲
無用的，再也生不起任何推斷或結論。因此，我們就不能
用有經驗得來的論證來證明過去是和將來相似的。因爲這
些論證統統都是建立在那種相似關係的假設之上的。

　　休謨的這一反駁清楚地表明了，對歸納原則的經驗辯護立
即會陷入循環論證之中。因爲一切根據於經驗的推論都必須依
據於歸納原則。現在歸納原則本身還未得到說明，我們又怎麼
能夠用還未得到說明的經驗推論來辯護歸納原則呢？

　　在否定了對歸納法的邏輯的和經驗的辯護之後，休謨提出
了自己對歸納推論的心理學的假設。他認爲，當人們看到一個
事物總是和另一個事物相伴隨，而沒有發生例外，於是人們就
會期望在下一次例證中，它們也必然會聯繫在一起的。對這種
必然聯繫的期望，這種推論的根據，不能來自於對象本身，因
爲特殊例證無論重複多少次，人們也永遠無法發現它們之間的
必然聯繫。它也不是理性的結果，而僅僅是對象的恆常聯繫在
人們心裡自然形成的一種「習慣」。「因此根據經驗而來的一切
推論都是習慣的結果，而不是理性的結果。」所以我們能夠得
到的結論也就是「習慣是人生的最大指導。只有這條原則可以
使我們的經驗有益於我們，並且使我們期望將來有類似過去的
一串事情發生」。

　　這就是休謨對歸納原則的心理學式的辯護。不能說休謨否
認了對歸納推理的一切辯護，他所否認的僅僅是對之所做的邏
輯的和經驗的辯護。但當他把歸納推理建立在主觀的習慣和信
念之上時，他也就確確實實地否認了這一推論的有效性和合理
性的基礎。因爲主觀習慣和信念，正如同經驗一樣，也並不是

恆常的，並無必然聯繫。從這個意義上可以說，休謨確實徹底地否認了對歸納推理可以給予任何合理的辯護的可能性。

現在我們可以清楚地看到，透過歸納推理能夠得到的只能是或然的知識。所以羅素才說即便相聯繫的事例足夠多，而且或然性可以幾乎接近必然性，但也只能無限止地接近，卻永遠不能達到必然性。結論自然也就是，或然性才是我們所應當追求的全部問題。

如果情形果然是這樣的話，那麼人類的處境實在是不那麼樂觀。羅素曾經舉過這樣一個生動的例子來說明人的尷尬處境。他說，一個人養了一隻雞，每天都按時地給這隻小雞餵食。久而久之，小雞習慣了這種餵養的習慣，所以每當一定的時候，只要看到這個人出現，牠就會在習慣的指導下做出歸納推理，認為此人現在又要來給我餵食了，那我就美美地飽食一頓吧！這就是小雞對恆常性的一種期望。不幸的是，小雞的這種恆常性期望是必然地要落空的。因為牠不知道，牠這種對恆常性的期望是沒有任何合理的根據的。牠更不可能知道人飼養牠目的是為了吃牠，而不是永遠地餵養牠。所以最終有一天，當牠看見主人過來了，便習慣地伸出脖子去吃食的時候，想不到的事情竟然發生了。主人突然間擰斷了牠的脖子。其實，我們人類在宇宙中的地位並不見得就比這隻小雞的強些。儘管有這樣的令人不愉快的情形會打斷我們對恆常性的追求，但我們絕不會因此而放棄對自然齊一性的期望。人類在這一方面取得了很大的成就。科學就是這樣的成就的最好例證。科學上的規律可以說就是運用歸納方法所得到的。不能說科學規律是永久不變的，是永恆的，但它們在很大的程度上卻能夠使我們預料到在什麼樣的條件下可能會發生什麼樣的事情。西方的科學所

以能夠長足的發展，實在是得益於歸納方法。在這種意義上我們可以說英國哲學家弗蘭西斯·培根是真正的「實驗科學的始祖」。

培根反對空洞不切實際的經院哲學，認為經院哲學「只富於爭辯，而沒有實際效果」，「能夠談說，但它不能生產」。我們知道經院哲學家熱衷於對那些與實際毫無關係的純粹概念的分析和爭辯。玩弄概念、熱衷詭辯就是他們擅長的把戲。這樣的哲學無益於實際的人生，無益於人們的認識，當然更無益於改造世界的實際活動。他辛辣地把經院哲學家比做希臘神話中的斯居拉女神，雖然「具有一個處女的頭臉」，但卻沒有生育的能力。

他反對經院哲學，同時他也反對亞里斯多德和希臘哲學。在某種程度上，亞里斯多德關心的是概念式的分析和推導，他的邏輯系統與自然並無任何關係。針對亞里斯多德的邏輯著作《工具論》，培根把自己的一本主要的著作命名為《新工具》，這顯然具有很強烈的挑戰意味。亞里斯多德是演繹邏輯系統的奠基者。在經院哲學家的手中，他的邏輯系統成為了論證經院哲學的工具，傳播謬誤的手段。正因為這一原因，培根在批判經院哲學時，也毫不留情地批判了亞里斯多德。他認為，亞里斯多德的三段論法由命題所組成，命題由語詞所組成，而語詞代表概念。如果概念混亂，那麼這一套邏輯也是混亂不堪的。三段論法中的概念、原則和公理都是建立在經驗事實之上的，所以我們的重點不應該放在概念或文字上面，而是要關注自然。所以亞里斯多德的演繹邏輯應該和對經驗事實的觀察結合在一起，不和經驗事實觀察結合在一切的三段論法是沒有用處的。他認為，感性提供材料，理性則在此基礎上「整理和消化」。培

根這樣說道：「歷來研究科學的人或者是經驗主義者，或者是獨斷主義者，經驗主義者好像是螞蟻，他們只是採集和使用。理性主義者好像蜘蛛，只憑自己的材料來織成絲網。而蜜蜂則採取一種中間的道路。牠從花園和田野裡面的花朵中採集材料，但是用牠自己的力量來改變和消化這種材料。真正的哲學工作也是這樣的，它既非完全或主要依靠心的能力，也非只把從自然歷史或機械實驗收集來的材料原封不動、囫圇吞棗地累置於記憶當中，而是把它們變化過和消化過放置在理解之中。」在他看來，亞里斯多德就是一隻蜘蛛，用自己的思想的絲編織概念之網；而他自己則無疑就是一隻在花園中辛勤採集花粉釀蜜的蜜蜂。與蜘蛛的工作相比，蜜蜂的工作無疑具有更大的價值和意義。

　　如果說亞里斯多德的演繹邏輯以概念為對象的話，那麼培根卻反其道而行之。既然我們要研究的是自然，所以就不應該運用演繹的邏輯。他指出哲學家應該關注的是自然，要研究事物本身，應該如實地反映它們的影像。培根認為研究經驗事物的最為有效的工具應該是歸納方法；它是科學研究的方法。為此他在《新工具》一書中比較詳細地論述了歸納法。他指出，真正的歸納法應當在實驗的基礎上採取三個步驟，即所謂的「三表法」：第一種表即「本質和具有表」，任務是收集和登記有關研究對象的正面的例證，比如當給定的性質出現時，另一種現象也隨之出現；第二種表即「差異表」，其任務是收集和登記有關研究對象的反面例證，比如我們想要研究的對象不出現的例證；第三表即「程度表」，其任務是收集和登記給定對象以不同的程度出現時，另一對象也相應地以不同程度出現的例證。

　　培根指出，上述的三表僅僅是進行歸納的準備工作。有了這三表收集的例證，我們就可以進行歸納了。透過這樣的三表的例證，我們就可以深入到事物的內部去尋找事物之間的因果聯繫，發現事物的規律。

　　培根的歸納法是實驗科學的方法。它的對象不是概念或語詞，而是自然界中的經驗事物；它的方法也不是從概念到概念的遊戲，而是從收集到的經驗事物出發去概括自然的或事物的一般性的規律。培根的哲學思想和歸納方法可以說爲近代的實驗科學開闢了一條發展道路。在此讓我們舉個極其通俗的例子來說明歸納方法在發現科學律例上的作用。十八世紀俄國科學家羅蒙諾索夫寫了一篇〈關於熱和冷的原因之探索〉的論文，其中有這樣的一個推論：「我們摩擦凍僵了的雙手，手便暖和起來；我們敲擊冷冷的石塊，石能發出火光；我們用鎚子不斷地鎚擊鐵塊，鐵塊也可以熱到發紅；由此可知：『運動能夠產生熱』。」羅蒙諾索夫在此探索冷熱原因的方法就是歸納方法中的求同法。於此可見，歸納方法在科學中的重要作用。也正是在這個意義上，馬克思才把培根稱之爲「整個近代實驗科學的眞正始祖」，這樣的說法並不爲過，因爲歸納方法確實推動了自然科學的迅猛發展，取得了長足的進步。我們在哲學上確實不能夠說明歸納方法或歸納原則的眞正的性質，但歸納法在自然科學領域裡的進步卻是無法否認的。

　　如果說歸納法是促使自然科學在西方進步發展的主要原因，那麼中國沒有產生實驗科學的部分原因也就當然是我們沒有這樣系統的歸納法理論。眾所周知，中國現代史上曾經爆發過一場波及全國的新文化運動。我們知道新文化運動的口號就是「科學和民主」。這一口號解決了中國人應該向西方人學習什

麼的大問題。為什麼中國沒有產生科學也就成為了當時的中國人急於解決的問題。為什麼中國沒有實驗科學呢？圍繞這一問題有種種的說法，一個比較有代表性的說法就是「無歸納法則無科學」。在1915年1月《科學》雜誌的創刊號的第一篇文章的題目就是〈說中國無科學的原因〉，作者為任鴻雋。此文認為，中國之所以沒有科學，並不是中國人不聰明，也不是社會對學術思想的過分限制。科學的本質不在物質，而在方法。物質東西現在的與以前的沒有什麼不同，但是以前沒有科學現在則有科學。於此可見，科學之為科學，其關鍵是在於方法。「誠得其方法，則所見之事實無非科學者。不然，盡販他人之所有，亦所謂邯鄲學步，終為人廝隸，安能有獨立進步之日矣。」中國沒有科學的真正原因是中國學術界「未得研究科學之方法而已」。所謂的科學方法指的是歸納方法，中國學術界不知道也不會自覺地運用歸納方法，所以中國當然也就沒有科學。而在西方，情形則恰恰相反，西方科學發展主要就是得力於歸納方法的運用。

　　這篇文章從歸納方法的角度來說明中國為什麼沒有科學。應該說，這篇文章的思想主要是得自於美國學者、當時的哈佛大學校長艾略特（C. W. Eliot）。艾氏曾來東方講學，歸而著書曰：我們西方人有一樣東西是東方人所沒有的，這就是歸納方法。西方近百年來的進步完全得力於歸納方法的運用。東方學者未嘗用歸納方法來進行實驗，以求其真，所以馳騖於空虛不實之中。他接著指出：「吾人現救東方人馳騖空虛之病，而試其有獨立不依格知事物發明真理之精神，亦唯有教以自然科學以歸納的論理、實驗的方法，簡練其官能，使其能得正確之知識之於平昔所觀察者而已。」任氏認為，艾氏的看法正可以用

來說明中國為什麼沒有科學。依據此種說法，無歸納即無科學。因此，要在中國建立和發展科學，首先就必須掌握歸納方法。

問題是為什麼無歸納方法就無科學呢？這就涉及到歸納方法在科學中的作用問題。任氏從兩個方面做了說明。

歸納方法是實驗方法。從邏輯學講，由特例到一般的結論謂之歸納；由一般的結論到特例謂之演繹。從科學方面著眼，演繹方法是先立一科學律例，再看事實是否與之相符。歸納方法則不一樣，它是在多數實驗的基礎之上抽出可以用來說明大多數事實的一般結論。可見，演繹方法與歸納方法之間的區別在於「歸納法尚官感」，而「演繹法尚心思」；歸納法置事實於推理之前，演繹法置事實於推理之後。要想得到正確的前提或理論就必須從事於實驗。在實驗的日積月累基礎上，事物之間的關係才能逐漸被我們認識，據此我們才能得出相應的假設。這樣的假設是由於實驗而形成的，也必須依靠實驗而得到檢驗。如果假設與實驗不符，就應該拋棄。如果經過了實驗的檢驗，這樣的假設也就被確立為科學律例。由此可見，假設是在實驗基礎之後，是得之於對事實所做的歸納，而不是依靠所謂的演繹。要從事於歸納就不得不重視實驗。有了實驗而後才有理論，而後科學上的公例或律例才得以成立。可見，無官感則無歸納，無歸納則無知識，無知識則不能知自然之定律。

歸納法是一種不斷使人進步的方法。科學是有系統的知識。因為科學是有系統的知識，所以可以藉由歸納方法而得到知識系統，也就是結合眾多的事實而得到公例，而有了這樣的公例又可以產生新的事實。在這樣的新事實的基礎之上又可以發現新的公例。如此循環不已，以至無窮。這種看法的理論根

據就是事物與事物之間的相互聯繫，事物都是處在普遍的聯繫之中。發現了關於某一事物的規律就有助於我們去發現其他事物的規律。但是要能夠做到這一點，我們必須要有某種方法。任氏指出，這樣的方法就是歸納方法。如果沒有歸納方法，那麼事物之間的聯繫對於認識者而言是毫無意義的。如物質不滅定律發現之前，歐洲人熱衷於煉金術，以為可以透過這種方法得到黃金，於是熔鑄化煉，不遺餘力，結果卻事與願違，黃金沒有得到，而化學卻由此誕生。所以如此之故，就是發現了事物與事物之間的相互關係，而所以能夠發現這種關係的主要方法就是歸納法。所以要求得學術的進步，就得有促進學術發展的方法，科學史表明，歸納法就是這樣的方法。可見，歸納法是學術進步的利器。

我們可以清楚地看到，任氏文章的基本點是極力推崇歸納法。當然任鴻雋並不是在中國最早宣傳介紹歸納法的人，在他之前嚴復就透過翻譯《穆勒名學》和耶芳斯的《名學淺說》來引進歸納法。這兩部譯作內容都是關於歸納方法的。但是真正引起國內學術界重視歸納方法的還是在《科學》雜誌提倡歸納方法之後。僅任鴻雋一人就寫過幾篇介紹宣傳歸納方法的文章。他的另一篇介紹歸納方法的文章題為〈科學方法講義〉。他所謂的科學方法就是專指歸納方法。他對什麼是歸納方法作了更為詳盡的論述。此外其他的《科學》雜誌社的同仁也極力提倡歸納方法，所以在國內產生了很大的影響。這種影響可分為兩個方面，一是學術意義的，一是社會意義的。先說後一方面。對歸納方法的討論所以能夠在國內引起廣泛的注意是因為它使人們意識到歸納方法竟然和科學有密切的聯繫，無歸納則無科學。而科學在現代中國具有至高無上的地位。歸納法既然

與科學有這樣密切的關係,當然人們不能不重視。但真正能夠懂得歸納方法的終究是少數人,如嚴復雖然熱衷於介紹歸納方法,但他本人並不真正懂得邏輯或歸納方法,而那些注意到歸納方法重要性的學者也是介紹居多。再說後一方面,在國內真正能夠形成自己的歸納方法理論的就目前看還就是金岳霖,他的主要的哲學著作可以說都是與對歸納理論的討論有著密切的關係。

4.4 智的直覺

4.4.1 邏輯分析方法的局限

　　分析哲學家們堅信,邏輯分析是哲學研究的主要的或唯一的方法(在知識論的研究中似乎哲學家們相信邏輯分析就是唯一的方法)。現在看來,這樣的看法趨於極端。比較公允的說法似乎是,邏輯分析方法是哲學研究中的必要方法。具體說就是,如果沒有邏輯分析方法,那麼哲學研究就會寸步難行,一無所獲。然僅僅有了邏輯分析方法似乎也並不能解決哲學問題。而且在某些生命哲學家們看來,邏輯分析方法不僅不能解決任何哲學問題,而且卻有破壞哲學的嫌疑。所以他們說:「分析哲學走到哪裡,哪裡的哲學就死了。」對分析哲學做如斯觀雖不免有失公允,走向了另一個極端,但也不是全無道理。君不見,在維也納學派的哲學家們看來,哲學就不是與科學並列的一種學科,而僅僅是一種活動,一種分析科學命題究竟有無意義的活動。所以哲學如果有其存在權利的話,那麼它也只

不過是科學的一種工具。

　　必須承認的是，邏輯分析方法僅僅是從事哲學研究的一種方法，一種很重要的方法，但卻不是唯一的方法。邏輯分析方法自有其弊端。我們都知道中國現代著名哲學家金岳霖是一個邏輯學家，十分重視邏輯分析方法在哲學研究中的作用。是他首先把數理邏輯系統地引進了中國，並自覺地以這樣的方法構造了自己的體系龐大精深的形而上學和知識理論體系。但他卻能夠公允地指出邏輯分析方法本身是有局限性的。在進行哲學思維的時候，你必須要或者說不得不遵守邏輯的法則，邏輯法則是與思想的任性和隨意不相容的。於是，金岳霖這樣說道：「希臘的Logos似乎非常之尊嚴；或者因為它尊嚴，我們越覺得它底溫度有點使我們在知識方面緊張；我們在這一方面緊張，在情感方面難免有點不舒服。」在其哲學思想體系中，他沒有把邏輯看作是最高的境界，而是把邏輯置於中國的概念「道」之下。「道」才是哲學中最上的概念、最高的境界。道得到了希臘邏輯的補充和加強，雖然不免多少帶點冷性，「可是『道』不必太直，不必太窄，它底界限不必十分分明；在它那裡徘徊徘徊，還是可以怡然自得」。

　　金岳霖本人也曾經這樣說過：「哲學就是概念遊戲。」所謂的概念遊戲是說，哲學家的職責是對概念做精深細致的分析，揭示出被分析概念的種種涵義及其與其他概念的聯繫。金岳霖的這種說法顯然是典型的分析哲學家的看法。記得好像是萊布尼茨說過，哲學有兩種，一種是公布於眾的哲學，這樣的哲學的任務是對所使用的概念做精深的分析。還有一種哲學是他私下裡所信奉的信念體系。其實在金岳霖的心目中，哲學也有兩種，所不同的是這兩種哲學他都公布了出來。他的知識論

金岳霖

研究所運用的是分析的方法。而他的形而上學體系所運用的則主要的不是分析方法，或者說 Logos 在他的體系中並不是最高的。正是在這後一種意義上金岳霖指出，概念越是分明，就越不能具有暗示性。因此他這樣說道：「然而，安排得系統完備的觀念，往往是我們要麼加以接受，要麼加以拋棄的那一類。作者不免要對這些觀念考察一番。我們不能用折衷的態度去看待它們，否則就要破壞它們的模式。這裡也和別處一樣，利和害都不是集中在哪一邊。也許像常說的那樣，世人永遠會劃分成柏拉圖派和亞里斯多德派，而且分法很多。可是撇開其他理由不說，單就亞里斯多德條理分明這一點，儘管亞里斯多德派不樂意，亞里斯多德的壽命也要比柏拉圖短得多，因為觀念越是分明，就越不能具有暗示性。中國哲學非常簡潔，很不分明，觀念彼此連結，因此它的暗示性幾乎無邊無涯。」

馮友蘭也有著這同樣的看法。他早年是由於自學邏輯而走上了學習和研究哲學之路。他因此這樣說道：「邏輯是哲學入門。」是邏輯引導他走入哲學殿堂，所以他十分強調邏輯分析方法對於中國哲學的重要意義和價值。他說：「就我所能看出的而論，西方哲學對於中國哲學的永久性貢獻，是邏輯分析方法。……邏輯分析方法正和這種負的方法相反，所以可以叫做正的方法。……正的方法的傳入，就真正是極其重要的大事

了。它給予中國人一個新的思想方法，使其整個思想為之一變。……重要的是這個方法，而不是現成的結論。中國有個故事，說是有個人遇見一位神仙，神仙問他需要什麼東西。他說他需要金子。神仙用手指頭點了幾塊石頭，石頭立即變成金子。神仙叫他拿去，但是他不拿。神仙問：『你還需要什麼呢？』他答道：『我要你的手指頭。』邏輯分析方法就是分析哲學家的手指頭，中國人要的是手指頭。」

　　馮友蘭對於邏輯分析方法的重要性給予了極高的評價。他早期的哲學創造活動所運用的主要的或唯一的方法似乎就是邏輯分析方法。但在中年之後，特別是在創立了自己的哲學思想體系之後，他逐漸意識到，邏輯分析方法並不是哲學研究的唯一的方法。他說道：

　　　　我在《新理學》中用的方法完全是分析方法。可是寫了這部書（《中國哲學簡史》）以後，我開始認識到負的方法也很重要……，現在，如果有人要我下哲學的定義，我就會用悖論的方式回答：哲學，特別是形而上學，是一門這樣的知識，在其發展中，最終成為「不知之知」。如果的確如此，就非用負的方法不可。

　　在他的眼裡，正的方法並不一定比負的方法重要，或者說，負的方法對於形而上學來說或許具有更重要的地位。於是，又這樣說道：

　　　　一個完全的形而上學系統，應當始於正的方法，而終於負的方法。如果不終於負的方法，它就不能達到哲學的最後頂點。但是如果它不始於正的方法，它就缺少作為哲

學的實質的清晰思想。神秘主義不是清晰思想的對立面，
更不在清晰思想之外。它不是反對理性的；它是超越理性
的。

　　在馮友蘭看來，邏輯是哲學的入門，但要達到哲學的最高
境界卻不能依賴於邏輯分析方法。這樣的看法是在馮友蘭完成
了自己的哲學思想體系的創建之後形成的。他反覆地指出，哲
學的功用並不在於使人獲得更多的知識，而在於使人提高其境
界。「新理學」認為其使命在於使人成為聖人，達到一種崇高
偉大的精神境界。在此境界之中，人自覺到與宇宙為一。與宇
宙為一，在馮友蘭看來，也就是超越了理智，達到了一種形而
上的境界。我們追求這一境界的過程始於分析經驗事物，所以
我們不得不依賴於邏輯分析方法。但是哲學所要達到的頂點卻
是超越經驗的。馮友蘭明確地說過：清晰思想不是哲學的目
的，但是它是每個哲學家所需要的不可缺少的訓練。這也就是
說，邏輯分析方法是哲學的手段或工具或訓練，而不是哲學的
真正目的。哲學的真正目的是追求最高的精神境界，達到這樣
的精神境界不是借助於支離破碎的分析方法能夠做到的。在達
到這樣的精神境界之前，我們要說很多的話，要寫很多的書，
做很多的探討或討論。但這些僅僅是進入哲學頂點的學術性的
預備工夫，它們還不是哲學本身。要能夠真正地進入哲學頂
點，必須在說了很多話之後保持靜默。只有在靜默中你才有可
能領略到哲學的最高頂點或最高境界。

　　如果沈湎於邏輯分析方法，把方法本身看成是哲學的目的
或哲學本身，認為論證或分析是哲學的核心，就無疑是誤解了
哲學的性質，誤把手段當成了目的。這樣做，正如金岳霖所說

的那樣，「哲學家就或多或少地超脫了自己的哲學，他推理、論證，但是並不傳道。」哲學成爲了布滿技術性的問題，掌握它需要時間，需要訓練，需要學究式的全神貫注於技術性或方法論的問題。經過這樣的訓練之後，哲學工作者往往會迷失方向，全然不知哲學爲何物。維也納學派的哲學家就是誤入此種歧途之中。嚴格說來，他們不能稱之爲哲學家，充其量只能叫做哲學工作者。因爲眞正的哲學家，在金岳霖看來，「從來不但是一個提供人們理解的觀念模式，它同時是哲學家內心中的一個信念體系，在極端情況下，甚至可以說就是他的自傳」。把邏輯分析方法或論證看作是哲學的核心，使哲學和哲學家分離，「改變了哲學的價值，使世界失去了絢麗的色彩」。

這裡涉及概念思維的某些特點。

概念是反映對象本質屬性的思維形式，它具有間接性、概括性、抽象性、離散性、排他性等屬性。概念認識是主體透過事物現象把握其本質的認識，但它不能揭示作爲客體的對象的整體屬性。而且反映在概念認識中的事物的本質只是客觀事物某一方面的本質，它與客觀事物有著較大的差異，因爲客觀的自然界、社會生活是無窮無盡的、極其複雜的，其中的每一事物都處在和其他事物的錯綜複雜的關係網絡之中。而概念的認識爲了要達到對某一對象某一方面的認識，就必須要淡化甚至要排除認識對象和其他事物的聯繫，淡化或排除認識對象這一方面的性質和其他方面性質的聯繫。這就是認識上的離散性、排他性，其結果使認識客體在一定程度上變了形。概念的這一特點決定了邏輯思維的性質，即它永遠無法完整地描述和說明這個無限的對象世界。

概念一經形成就具有穩定、靜止、凝固的特性，而對象事

物卻處在永恆的運動變化之中。當然事物的運動會呈現出一種
相對靜止的狀態，然而這種靜止是相對的，因為靜止是運動的
一種特殊狀態，運動應該說是絕對的。所以作為對象的事物不
可能是絕對靜止的。但是概念一經形成，它就具有普遍的性
質，它們不隨事物的運動變化而運動變化，所以概念是絕對的
靜止的，它們不能完全地反映和把握事物運動變化的全貌。就
此而言，概念的認識常常使人的思想認識傾向於僵化、停止、
封閉，因此它們往往要落後於形式的運動。

　　概念本身不包含矛盾，或者說概念不能反映客觀事物自身
所包含的矛盾，而客觀事物是充滿著矛盾的。

4.4.2 直覺即生活，即境界

　　現在的問題是如何才能進入哲學的最高的頂點呢？馮友蘭
堅信，必須借助於靜默或採用負的方法或他所謂的「直覺概
念」。在這裡所謂「哲學的最高的頂點」就是馮友蘭境界理論中
的「天地境界」。要進入這一境界，無疑概念的分析是必須要走
的第一步，但它僅僅是入門途徑，而不是「天地境界」本身。
如果說科學的宇宙是有限的話，那麼哲學的宇宙是無限的。在
馮友蘭的哲學思想中，人要進入「天地境界」必須要能夠與這
樣的無限的宇宙同其廣大。這就是他所說的「同天」。人有這樣
的境界，必須要有「覺解」。馮友蘭認為，解是一種概念的分
析，而覺不必依賴於概念。純粹依賴於概念分析，根本不可能
進入這樣的境界。但如無概念分析也同樣不可能進入這樣的境
界。這正如朱熹所說的那樣必須經過今日格一物，明日格一物
的積累才能最終達到「豁然貫通」的境地。他說：「蓋人心之
靈莫不有知，而天下之物莫不有理，唯於理有未窮，故其知有

不盡也。是以《大學》始教，必使學者即凡天下之物，莫不因其已知之理而益窮之，以求至乎其極。至於用力之久，而一旦豁然貫通焉，則眾物之表裡精粗無不到，而吾心之全體大用無不明矣。」

　　禪宗南派創始人六祖慧能提倡「頓悟」成佛說，主張不立文字，專靠當下的領悟把握佛理。他所謂的「頓悟」是說憑自己的智慧或根器「單刀直入」，直接地把握佛理。慧能如是說道：「一聞言下便悟，頓現真如本性。」所以他們反對唸經拜佛，甚至反對坐禪。為什麼呢？因為在他們看來，佛性就是人性，這就是他們的「本性即佛」說。「本性是佛，離性無別佛」。既然人性即佛性，所以大可不必向身外去求，長途跋涉去西天取經。「佛向身中作，莫向身外求。」佛不在遙遠的彼岸，而就在自己的內心中。只需反身內求，當下體認，「自性若悟，眾生是佛」。因為佛性就在人的內心之中，所以也就無須唸經拜佛，同樣也不必立文字。內在的佛性不能透過文字來把握。「真如佛性」不在語言文字之內，不透過唸經拜佛這些外在的形式表現出來。更有甚者，禪宗思想中還有著大量的非邏輯的思想成分。如著名的善普大師的偈語：「空手把鋤頭，步行騎水牛，人從橋上過，橋流水不流。」其他又如「看！海中生紅塵，大地浪滔滔，儘是聾耳人」、「昨夜木馬嘶石人舞」等等。這些說法顯然是不符合常人所謂的邏輯思維的。因為禪宗意識到，依靠邏輯思維並不能夠使人獲得精神的無限的追求。

　　要把握「佛法大意」只有拋卻語言文字。雪峰義存禪師云：「我若東道西道，汝則尋言逐句。我若羚羊掛角，若向甚麼處摸。」「佛法大意」不在語言文字中。如在語言文字中，那麼我們就可以循著邏輯的規則尋找摸索。但禪宗是堅決反對這

樣的做法，稱之為「死於句下」。「佛法大意」本不在語言文字中，所以不可以透過語言文字的跡象來求的。這就是所謂的「羚羊掛角」。

所以日本禪學大師鈴木大拙在其《通向禪學之路》一書中這樣說道：

　　我們通常總是絕對化地思考「A 是 A」，卻不太去思考「A 是非 A」或「A 是 B」這樣的命題。我們沒有能突破知性的各種局限，因為它們已經非常強烈地控制了我們的大腦。然而，在這方面禪宗卻宣稱，語言是語言，它只不過是語言。在語言與事實並不對應的時候，就是應當拋開語言而回到事實的時候。邏輯具有實際的價值，應當最大限度地活用它，但是當它已經失去了效用或越出了它應有的界限的時候，就必須毫不猶豫地喝令它「止步」！從意識覺醒以來，我們探索存在的奧秘來滿足我們對理性的渴望。我們找到的卻是「A」與非「A」對立二元論即橋自橋、水自水、塵土在大地上飛揚的二元論。可是，隨著期望的增長，我們卻沒有能夠得到我們所期待的精神的和諧寧靜、徹底的幸福及對人生與世界更靠近一步都不可能，靈魂深處的苦悶也無法表露。正好，這時光明降臨在我們全部存在之上，這，就是禪宗的出現。因為它使我們領悟了「A 即非 A」，知道了邏輯的片面性。……

「花不紅，柳不綠」，這是禪者所說的玄妙之處。把邏輯當作終極真理，就只能作繭自縛，得不到精神的自由，看不見活生生的事實世界。可是，現在我們找到了全面轉換的金鑰匙，我們才是實在的主體，語言放棄了對我們的支配力，當我們具

有了發自本心的活動而鋤頭也不再被當作鋤頭的時候，我們就贏得了完完整整的權利，也沒有鋤頭一定要是鋤頭的時候。不僅如此，按照禪者的看法，正是當鋤頭不必是鋤頭的時候，拒絕概念束縛的物實相才會漸漸清晰地呈露出來。

　　概念與邏輯的專制崩潰之日，就是精神的解放之時。因為靈魂已經解放，再也不會有違背它的本來面目使它分裂的現象出現了，由於獲得了理性的自由而完完全全地享有了自身，生與死也就不再折磨靈魂了。因為生與死這種二元對立已不復存在，死即生，生即死，雖死而生。過去，我們總是以對立、差別的方式來觀察事物，與這種觀物方式相應，我們又總是對事物採取了對立的態度，可是，如今我們卻達到了能從內部來即物體察的新境界。這正是鐵樹開花！正是處雨不濡！於是，靈魂便是一個完整的、充滿了祝福的世界。

　　禪宗上述看法的一個思想資源就是道家。道家的最高範疇是「道」。「道」是形成萬事萬物的本源，「道生一，一生二，二生三，三生萬物」。這種形而上的「道」是不可言說的，也不是語言所能夠把握的。老子勉強地給它一個字叫做「大」。在老子看來不可言說的「道」顯然是不同於可以言說的道。所以他說：「道可道非常道，名可名非常名。」這就是說，可以言說的道不是永恆的道，可以用語言表達的名不是永恆的名。反過來就是，凡是能夠運用語言表達的東西都不是永恆的或形而上的，永恆的或形而上的東西都不在語言之內。所謂的分析論證的對象既然是對概念或文字的分析，所以道家的「不道之道」、「不言之辨」、「不言之教」也當然不是在概念的分析或論證的範圍之內。莊子則進一步發展了這一思想，他說道：「筌者所以在魚，得魚而忘筌。蹄者所以在兔，得兔而忘蹄。言者所以

在意，得意而忘言。吾安得夫忘言之人而與之言哉！」

　　說到這裡，我們想起了著名哲學家維根斯坦。他就曾經在可以言說的東西和不可言說的東西之間劃下一道嚴格明確的界限。他這樣說道：「誠然有不可言說的東西。它們顯示自己，此即神秘的東西。哲學的正當方法固因如此：除可說者外，即除自然科學的命題外──亦即除與哲學無關的東西外──不說什麼。於是，每當別人要說某種玄學的事物，就向他指出：他對於他的命題中的某些符號，並未給以意謂。對於別人這個方法是不能令人滿意的──他不會覺得這是在教他哲學──但這卻是唯一正當的方法。我的命題由下述方式而起一種說明的作用，即理解我的人，當其既已透過這些命題，並攀越其上之時，最後便會認識到它們是無意義的（可以說，在他已經爬上梯子後，必須把梯子丟開）。他必須超越這些命題，然後才會正確地看待世界。對於不可說的東西，必須沈默。」命題是可以言說的東西，外界的實在是不可言說的。對於不可言說的，我們必須保持沈默：只有在沈默中，我們才能把握它。馮友蘭認為，維根斯坦的「保持沈默」就是在以「負的方法」來講形而上學。

　　其實柏格森在維根斯坦之前就以一種十分明確的方式突出了直覺方法的重要性。他認為，概念的分析只能停留在事物的周邊、現象，而不能洞察事物的本質。他指出，要真正能夠把握事物的實質，就不能僅僅運用理智的力量，還必須借助於直覺的力量。直覺能夠使我們從總體上來把握事物的內在的本質。概念只能運用於死的、寂靜的事物，而不能運用於生活和運動。他認為，哲學的真正的世界觀，是直覺，是生活。人的生活是一種動態的流水；宇宙中充滿著創造的精神，它是一種

活生生的動力，是生命之流。生命之流是數學等自然科學知識所無法把握的，只能由一種神聖的同情心，即比理性更接近事物本質的感覺所鑑賞。他說：哲學是從其過程、生命推動力方面來理解和把握宇宙的藝術。

正是基於這樣的看法，柏格森指出，概念的思維模式應該是科學思維的模式，應該是理智的模式，所以概念思維不應該是哲學思維的模式，或者說概念思維是哲學思維中的低級模式。哲學應該屬於直覺的領域。當然他並沒有將這兩者完全地對立起來，認為它們是可以統一起來的，但此統一的基礎應該是直覺。他這樣說道：「科學和形而上學在直覺中統一起來了。一種真正直覺的哲學必須能實現科學和哲學的這種渴望已久的統一。」根據這樣的看法，直覺並不反對概念的認識，而是一定要以概念的認識為其基礎。

由於概念不能使我們把握認識對象的整體和其本質，所以我們只能在概念認識的基礎上依賴於直覺。那麼我們是怎麼樣借助於直覺而把握事物的呢？柏格森說，直覺「是一種單純而不可分割的感受」。我們可以以閱讀為例來理解什麼是直覺。在閱讀中，我們顯然是不能僅僅停留在文字或概念式的認識之中。作家在其創作過程中也顯然沒有把文字或概念看作是其真正的目的。他的目的是要透過語言文字或概念來揭示出一定的境界或狀態，幫助我們進入這一境界或狀態之中。如果我們不能領會作家的企圖，而只是僅僅停留在語言文字或概念的認識中，那麼這顯然是我們自己的過錯，是對作家企圖的真正誤解。在此，我們應該意識到的是語言文字或概念僅僅是一種工具或手段。這正如中國古代思想家王弼所說的那樣：「言者所以明象，得象而忘言。象者所以存意，得意而忘象。」他認

為，言是得象的工具，象也只是得意的工具。因為言和象是得意的工具，所以得到了意就應該拋棄言和象。如果拘泥於物象，就會妨礙對義理的把握；如果拘泥於語言，就會妨礙對於物象的表達。基於這樣的認識，所以要想能真正地把握住義理，就得忘象。於是他說道：「然則忘象者乃得意者也，忘言者乃得意者也。得意在忘象，得象在忘言。」這就是說，要能夠真正得到義理或境界或狀態，我們就應該透過文字或概念直接進入義理或境界或狀態。相反，如果我們拘泥於語言文字或概念，那麼我們就不可能真正地進入境界或狀態或義理之中。為了明白這一層意思，我們可以以屠格涅夫的作品為例作些說明。

屠格涅夫非常善於描寫俄羅斯大草原的風光。他在《獵人筆記》中的〈白淨草原〉一篇中有這樣精彩的一段。

這是七月裡晴朗的一天，只有天氣穩定的時候才能有這樣的日子。從清早起天色就明朗；早霞不像炎熱的旱天那樣火辣辣的，不像暴風雨前那樣暗紅色的，卻顯得明淨清澈，燦爛可愛——從一片狹長的雲底下寧靜地浮出來，發出清爽的光輝，沈浸在淡紫色的雲霞中。舒展著的白雲上面的細邊，發出像小蛇一般的閃光，這光彩好像煉過的銀子。……但是忽然又迸出動搖不定的光線來，——於是愉快地、莊嚴地、飛也似地升起那雄偉的發光體來。到了正午時候，往往出現許多有柔軟的白邊的、金灰色的、圓而高的雲塊。這些雲塊好像島嶼，散布在無邊地氾濫的河流中，周圍環繞著純青色的、極其清澈的支流，它們停留在原地，差不多一動也不動；在遠處靠近天際的地方，這些

雲塊互相移近，緊挨在一起，它們中間的青天已經看不見了；但是它們本身也像天空一樣是蔚藍色的，因為它們都浸透了光和熱。天邊的顏色是朦朧的、淡紫色的，整整一天都沒有發生變化，而且四周圍都是一樣的；沒有一個地方醞釀著雷雨；只是有的地方掛著淺藍色的帶子：這便是正在灑著不易看出的細雨。

　　我們在閱讀這一片段時沒有感覺到任何的困難，所以很容易在我們的心目中形成一幅關於俄羅斯大草原的極其美麗的畫卷。我們沒有到過白淨草原，但透過閱讀屠格涅夫的散文，我們卻能身臨其境，彷彿聞到了俄羅斯大草原散發出的濃郁的芬芳氣息。之所以能使我們身臨其境是因為我們沒有停留在語言文字或概念之上，而是透過屠格涅夫的語言文字在自己的心靈中直接地與所描寫的對象達成了一種交融。這種交融就是我們在欣賞文學作品時經常運用的說法──「情景交融」。是讀者直接進入閱讀對象之中，與對象融成一片。心理學的知識以及閱讀經驗告訴我們，在閱讀的時候，一個優秀的讀者的注意力並不是投放在語言文字之上的，他是在不經意間或潛意識地閱讀語言文字時直接地進入作品的對象之中，與對象打成一片。在這裡，你能夠直接地走進屠格涅夫所描寫的俄羅斯大草原的風景畫之中。如果你僅僅停留在語言文字的涵義的分析和理解之上，那麼你所注意到的景象是割裂成碎片的，不成片段的。如果你不會俄語，那麼你閱讀屠格涅夫的上述描寫的俄文版就絕對不可能進入俄羅斯大草原之中，因為那時你的全部注意力放在了語言文字上，儘管你透過詞典對屠格涅夫的這同樣一段的描述中每一個概念或語詞都可能有很精深的了解。

　　其實在學習和研究哲學思想的時候也存在著同樣的情形。我們在此可以用學習和研究孔子思想爲例說明這一點。孔子在中國應該是一個盡人皆知的聖人。對中國傳統思想略知一二的人都知道，孔子的思想以仁與禮爲核心。孔子云：「克己復禮爲仁。」又說：「仁者愛人。」、「夫仁者，己欲立而立人，己欲達而達人。能近取譬，可謂仁之方也已。」《論語》中論及「仁」的語錄不下一百條。研究孔子思想的學者都熱衷於羅列此書中關於仁的條目來分析和研究孔子的思想。這似乎是學界的共同做法。

　　這樣的研究方法無可厚非。因爲學術研究，尤其是哲學思想研究，對思想家所使用的概念做「條分縷析」的工作是天經地義的事情。如果把哲學思想體系僅僅看作是概念的抽象體系的話，這是正確的。這應該是學術研究訓練的基礎。但這卻不應該是學術研究工作的全部。因爲哲學是愛智慧，是對智慧的追求，而智慧是精神的自覺，是思想對思想的認識，是一種無限和超越的境界。對概念的條分縷析是達到這一境界的準備性的工作，而不就是哲學境界自身。這樣看來，過語言文字關是從事哲學思想學習和研究的第一步，所以對哲學原典的註解和詮釋是哲學思想研究不可缺少的訓練。但這不能代替哲學思想本身。因爲過了語言文字關之後，更重要的是要過思想關。有的人能夠過語言文字關，卻過不去這思想關。而另有些人既能夠過語言文字關，也能過思想關。

　　如果採取這種觀點學習和研究孔子的哲學思想，那麼我們就不能僅僅停留在對孔子用來表達自己思想的概念或語詞的爬梳和分析之上，而應該是進一步進入孔子思想的境界中去。用柏格森的話說就是，你必須要能「入戲」，用我們現在的說法就

是你必須能與孔子本人進行對話或交流，使自己的心靈直接地與孔子的相碰撞，或者還是用柏格森的話說，與孔子進行一種理智的交融，「這種交融使人們自己置身於對象之內，以便與其獨特的從而是無法表達的對象相符合」。其所說的「無法表達的對象」就是思想，就是人格，就是生命，就是哲學所要達到的境界。這就要求在閱讀《論語》之時，既要細心地閱讀經典，理解其中的每一字每一句，也要不斷地掩卷思索玩味，想見孔子的為人處事，時時努力地進入孔子思想的深處，極力使自己成為孔子本人，與孔子的生命之流貫通融會在一起，彷彿身處孔子的時代境遇之中。這樣長期的沈潛涵泳，體味深察，我們就能逐漸地進入孔子思想之中，領略他的思想妙處。學習和研究中國傳統的哲學思想尤其要重視這一點，而不能停留在概念的演繹、分析之上。把研究的興趣完全地投放在語言文字或抽象概念的分析演繹上，往往會丟失中國傳統哲學思想的精義。

　　我們並不像中世紀基督教的著名神父德爾圖良那麼極端，完全否認邏輯技巧的效用。他這樣說道：「啊！早已逝去的亞里斯多德喲！您為異端發現了辯證的技巧、破壞的技巧、可以論斷一切卻什麼也不能完成的技巧！」邏輯技巧可以論斷一切，但卻什麼也不能完成，這就是邏輯思維面臨的困境。當然我們不會學德爾圖良，我們承認邏輯思維的重要作用，但同時我們也指出，邏輯思維並不是哲學的全部，而且邏輯思維自有其局限性，所以它應該得到直覺思維的補充。在緊張的邏輯思維之後，直覺思維的能力就得到了展現。它產生一種勃發的、動態的頓悟境界，給人的思想灌注巨大的清新感和歡樂感，從而加速理性思維的運思，加大理性思維的流量；它使人們能夠

在問題叢生的雜亂中找到擺脫思維困頓的突破口，從而明確前進的方向。一旦直覺思維的能力處在緊張的運思之時，它就會呈現出一種特別的境界。在此境界中，直覺思維能以一種直接、整體的方式領悟和體認周圍一切的奧秘。這時各種局部的形式及其界限消退了，它們形成了一個渾然融合的整體。在這樣的境界中，主體和客體之間的界限消失，兩者融為一體。這就是柏格森所說的「入戲」。我進入了作品中的主人翁的生命深處，彷彿我自己就是主人翁。

哲學的價值

　　按照中國哲學的傳統，它的功用不在於增加積極的知識（積極的知識，我是指關於實際的知識），而在於提高心靈的境界——達到超乎現世的境界，獲得高於道德價值的價值。《老子》說：「為學日益，為道日損。」這種損益的不同暫且不論，《老子》這個說法我也不完全同意。現在引用它，只是要表明，為學的目的就是我所說的增加積極的知識，為道的目的就是我所說的提高心靈的境界。哲學屬於為道的範疇。

——馮友蘭

　　馮友蘭（1895-1990），中國現代哲學家，主要哲學著作有《中國哲學史》、《中國哲學簡史》、《中國哲學史新編》、《新理學》、《新事論》、《新世訓》、《新原人》、《新原道》、《新知言》等。

5.1 無用之爲大用

　　爲什麼要學習哲學？這一問題詢問的是，哲學到底有什麼樣的價值？或者說得更直接一些就是，哲學究竟有些什麼用處？生在崇尚實用時代的人們當然要問研究哲學的價值的問題，如果哲學毫無價值或用處，我們爲什麼還要去學習或研究哲學呢？

　　因爲我們現在已經習慣用實用的觀點或角度來觀照任何一個問題，不管這樣的問題是實際的問題還是理論的問題。如果你提出了有關純理論的研究課題，你面臨的最基本問題就是，這一課題有什麼理論的意義。如果這一詢問還情有可原的話，那麼接下來的問題就會使從事純理論研究的學者哭笑不得，即純理論研究課題的實際意義或價值，或者說它有無實際的社會效益。如果沒有實際的效益，那麼這一課題就有被擱置一旁的危險。

　　如果一定要明確地回答「學習或研究哲學有什麼價值或意義」的話，那麼回答也必定是明確的，哲學不可能有什麼實際的效益或價值。從實用的角度來看，哲學毫無用處，絲毫沒有價值。

　　但我們現在必須要明確的一個問題是，爲什麼我們一定要從實用的或實際的利益的角度來審視哲學呢？這樣的審視角度就一定是合理的嗎？

　　哲學固然沒有實用的價值，難道科學就有什麼實用的價值嗎？你肯定不同意我們的看法，誰能說或者誰敢說科學沒有實

用的價值。科學在現代社會中起著決定性的作用，這是誰也不能否認的事實。但科學的起源絕不是因為它有什麼實用的價值。

早在1923年爆發的那場曠日持久的「科玄論戰」中，站在「科學派」立場上的王星拱就指出過，科學在其起源時與實用無緣。他討論了科學的起源和效用問題，他指出，科學的起源絕非出於偶然。人類是有理性的動物，所以科學的出現有種種心理上的根據。他列舉了導致科學出現的人的心理根據：

(1)驚奇：人類有驚奇的心理，我們看見花開花落、四時代謝、晝夜交替等自然現象，莫名驚詫，於是刨根問底，尋求所以然，這種驚奇的心理導致了科學的出現。

(2)求真：無論何人總想明白萬事萬物的真相，總是相信真實的東西而反對虛假的東西。

(3)美感：美感無論是物質的還是精神的，都是人類所共有的。科學家所以盡心竭力研究科學的原因，就是因為科學中間有著和諧一致的美。所以在科學的起源中，美感是一個十分重要的因素。

(4)致用：科學起源與實用的目的是分不開的，不過在科學的起源時，實用並不是一個很重要的原因，只是到了近代致用這一因素才在科學的進步中起著越來越大的作用。

可見，科學的起源原本與實用無緣。驚奇、求真、求美才是導致科學產生的真正的原因。懂得了這個道理，我們才能夠明白為什麼歐幾里德研究幾何的真正用意。一天有個學生問他道：「學習或研究幾何學有什麼用處呢？」在今天看來這樣的

問題實在是很基本的習以為常的問題，我們會見怪不怪了，但平時溫文爾雅的歐幾里德聽到這一問題時卻勃然大怒，拍案而起，指著那個學生吼道：「你跟著我學幾何學，居然還要問我學幾何學有什麼用，這簡直是侮辱我，侮辱幾何學。」這應該是學習幾何學的人都知道的歷史故事。歐幾里德的憤怒不是沒有理由的。科學的精神是求真、求美、求了解和把握大自然的奧秘，這是研究科學的首要的目的，至於實用性只不過是科學研究的副產品。

哲學有和科學相同之處，即它不具有實用的價值，它不能用來「烤麵包」吃。當然哲學也有與科學不同的地方。科學的起源雖然與實用無緣，但科學知識的確定性卻給人類、社會帶來實用的價值，使社會發生了翻天覆地的變化。而哲學從其誕生之日直至今天的兩千多年的發展歷史中雖也在孜孜尋求具有確定性的知識，然而卻毫無結果。一部哲學史就是不同的觀念、思想、意見堆積的歷史。柏拉圖所提出的那些哲學問題在今天仍然是哲學家們爭論不休沒有定論的問題，這種情況決定了哲學似乎是不具備實用的價值。

哲學不具備實用的價值，但哲學家卻不一定因此沒有絲毫的實用的品行。眾所周知，西方哲學的第一位哲學家是泰勒斯，據亞里斯多德說，有一年泰勒斯注意到橄欖的收成看好，於是他靈機一動，便買下了當時所有的榨油機，待機高價出售。據說，這一年他大大地發了一筆。泰勒斯一開始從政，後又轉向研究數學和天文學，他曾經精確地計算出了日食的時間，在他預言日食的那一天太陽也真的被遮住了。泰勒斯竟能預言橄欖收成，並因此而大賺一筆；他也竟能精確地預言日食的時間。誰還能夠說、還敢說哲學毫無實用價值呢？

　　但我們還不能夠確定泰勒斯發財、預言日食一定與他所具有的哲學知識有什麼必然的聯繫。如果我們能夠確定這兩者之間的關係，那麼哲學在今日的地位肯定會大大地改觀。而且問題還在於，泰勒斯能夠做出這樣具有實用性的事業，別的哲學家未必能夠，歷史上也很少有哲學家因爲他的哲學知識而發財的。有人不同意這樣的看法，因爲索羅斯就是哲學家兼經濟學家。他當然是很富有的，但他的富有似乎並不是由於他是一位哲學家，而是由於他是一位經濟學家。有因爲研究哲學而走向貧困的哲學家，費爾巴哈似乎就是這樣的一位。由於和一位富有的女人結婚，他便有機會「洗滌乾淨，脫離垃圾一樣的單身男人的生活，走進神聖婚姻的健康的清水中」，擁有龐大的水果蔬菜園，到處是野獸與飛禽的大片森林，還有一個鯉魚塘。但由於不善於經營，他的生活最終還是陷入困頓之中。所以泰勒斯只能作爲一個特例，它不具有普遍性。

　　其實不僅哲學沒有實用的價值，任何純學術研究也似乎不具有實用的價值。比如馬克思是一位著名的經濟學家，但他寫作《資本論》這一揭露資本主義社會財富積累秘密的巨著時，不也是身無分文，得靠他的朋友恩格斯資助來維持自己的寫作和家庭生活嗎？當然經濟學與哲學相比具有確定得多的知識系統。

　　這樣看來，正如羅素所說的那樣，哲學的價值必然不在於哲學家或哲學研究者可以獲得一套明確肯定的知識體系如科學或經濟學那樣。那麼哲學的價值應該在什麼地方尋求呢？

　　羅素答道：哲學的價值絕大部分應該在它的極不確定性之中去追求。

　　他說道：沒有哲學色彩的人一生免不了受縛於種種偏見，

由常識、由他那個時代或民族的習見、又未經深思熟慮就滋長的自信等等所形成的偏見。對於這樣的人，世界是固定的，有窮的，一目瞭然的；普通的客體引不起他的疑問，可能發生的未知的事物他傲慢地否定掉。但是反之，……只要我們一開始採取哲學的態度，我們就會發覺，連最平常的事情也有問題，而我們能提供的答案又只能是極不完善的。哲學雖然對於所提出的疑問不能肯定告訴我們哪個答案對，但是卻能擴展我們的思想境界，使我們擺脫掉習俗的控制。因此，哲學雖然對於例如事物是什麼這個問題減輕了我們可以肯定的感覺，但是卻大大增長了我們對於事物可能是什麼這個問題的知識。它把從未經過自由懷疑的境地的人們的狂妄獨斷說法給排除掉，並且指出熟悉的事物中那不熟悉的一面，使我們的好奇感永遠保持靈敏狀態。

　　哲學的實用性在於能夠點出些不犯疑的事情。此外，哲學的價值（也許就是它主要的價值）在於哲學所思考的對象是重大的，而這種思考又能使人擺脫掉個人那些狹隘的打算。一個聽憑本能支配的人，他的生活總是拘禁在他個人利害圈子裡；這個圈子可能也包括他的家庭和朋友，但是外部世界是絕不受重視的，除非外部世界有利或者有礙於發生在他本能欲望內的事物。這樣的生活和哲學人恬淡的、逍遙的生活比較起來，就是一種類似狂熱的和蟄居的生活了。追求本能興趣的個人世界是狹小的，它夾在一個龐大有力的世界之內，遲早我們的個人世界會被傾覆。除非我們能夠擴大我們的趣味，把整個外部世界包蘊在內。不然，我們就會像一支受困在堡壘中的守軍，早知道敵人不讓我們逃脫，最後不免一降。在這樣的生活裡，沒有安寧可言，只是堅持抵抗的欲望和無能為力的意志在互相傾

軋。倘使我們的生活偉大而自由，我們就必須用種種方法避開
這種蟄居和傾軋。

　　哲學的冥想就是一條出路。通盤來看，哲學的冥想並不把
宇宙分做兩個相互對立的陣營──朋友和仇敵、支援的和敵對
的、好的和壞的──它縱觀整體。哲學的冥想只要還是純粹的，
其目的便不在於證明宇宙其餘部分和人類相似。知識方面的一
切收穫，都是自我的一種擴張，但是，要達到這種擴張，最好
不直接去追求。在求知欲單獨起作用的時候，不預先期望研究
對象具有這樣或那樣的性質，而是使自我適合於在對象中發現
的性質，只有透過這樣的研究，才能達到自我擴張。如果我們
把自我看成本來的樣子，而想指出世界和這個自我是如此之相
似，以至於不承認那些似乎與之相異的一切，還是可以得到關
於世界的知識，這樣是根本無法達到這種自我擴張的。想證明
這一點的那種欲望就是一種自我獨斷；像所有的自我獨斷一
樣，它對於其所迫切希求的自我發展是一個阻礙，而且自我也
知道它會是這樣的。自我獨斷，在哲學的冥想之中正如在其他
地方一樣，是把世界看成達到它自己目的的一種手段；因此，
它對於自我看得比世界還重。而且自我為世界的有價值的東西
之偉大立了界限。在冥想中，如果我們從非我出發，便完全不
同了，透過非我之偉大，自我的界限擴大了；透過宇宙的無
限，那個冥想宇宙的心靈便分享了無限。

　　哲學不像科學那樣能夠給我們提供一套確切明白的知識體
系，所以哲學也就不具有科學那樣的實用性。所以哲學是無用
的。但哲學的這種無用卻成就了它的大用，即它雖然不能提供
有實用性的知識體系，然而哲學卻能將自我從狹隘、自私、封
閉的小圈子中提升出來，達到一種崇高偉大的境界，與無限偉

大的宇宙合一。這就是說，哲學不能向我們提供具有確切性的知識體系，但它卻能夠給我們一個觀察人生、社會的新的視角或視點。即哲學能夠使我們不從一個個人的或私人的角度，從此時此地來看事物。如果只從私人的或此時此地的角度來看事物，那麼我們便會在主體和客體之間、人和事物之間疊起一道不可逾越的鴻溝，築成一道藩籬，結果人的心靈就被囚禁在囹圄之中。哲學的真正價值在於它使我們「像上帝那樣去看，不從一個此地和此刻去看，不期望，不恐懼，也不受習慣的信仰和傳統的偏見所束縛，而是恬淡地、冷靜地以純粹追求知識的態度去看，把知識看成是不含個人成分的、純粹可以冥想的、人類所可以達到的」。

羅素所說的「像上帝那樣去看」的說法用中國哲學的說法就是要從「道」的觀點來看。莊子不是說過要「以道觀之」嗎？「以物觀之」和「以道觀之」是兩種截然不同的觀點。「以物觀之」就是羅素所說的從個人私人的此時此刻的觀點觀察事物，而「以道觀之」則是從一種超越的觀點觀照一切。這種觀點與蘇格拉底看法相同，後者認為智慧是神的，不是人的，學習哲學就是要學習從智慧的角度觀照事物，來指導人生。哲學不像其他的學科以某些局部的現象為其研究或思考的對象，而是以整個宇宙作為其思考的對象。由於哲學思考的對象是偉大的、無限的，所以思考這一偉大無限的心靈也就變得偉大無限，因此那些習慣於哲學思考的人們的心靈就能夠和宇宙合而為一：「宇宙便是吾心，吾心即是宇宙。」

如果說西方哲學的思考模式或方法有與中國哲學不同之處，那麼在哲學思考追求的目標上，至少就羅素對哲學價值的看法而言，西方哲學和中國哲學是有相通的地方的。孟子不就

說過「盡心知性知天」的話嗎？莊子不也說過「天地與我並生，萬物與我爲一」的話嗎？其實這樣的至理名言在中國哲學中簡直是俯拾即是。張載云：「大其心則能體天下之物，物有未體，則心爲有外。世人之心，止於聞見之狹；聖人盡性，不以聞見梏其心，其視天下無一物非我。」「天下無一物非我」，是說物我無別，主客交融，這是一種何等偉大崇高的境界啊！所以張載著重「窮神知化，與天爲一」。又如程顥說：「只心便是天，盡之便盡心，知性便知天。當處便認取，更不可外求。」此外，如「上下與天地同流」、「周流無窮，而不滯於一隅」、「仰觀宇宙之大，俯察品類之盛」、「仰以觀於天文，俯以察於地理，是故知幽明之故」等等。中國哲學家的這些說法與羅素是相通的，其主旨都在於提升人的境界。

　　一旦我們習慣於「像上帝那樣去看」或能夠做到「以道觀之」，那麼像羅素所說的那樣，我們「便會在行動和感情的世界中保持同樣的自由和公平。它會把它的目的和欲望看成爲整體的一部分，而絕無由於把它們看成是屬於其餘概不受任何人爲影響的那個世界中的一些極細小的斷片結果而有的固見。冥想中的公平乃是追求眞理的一種純粹欲望，是和心靈的性質相同的，就行爲方面來說，它就是公道，就感情方面說，它就是博愛，這種愛可以施及一切，不只施及那些被斷定爲有用的或者可推崇的人們。因此，冥想不但伸張我們思考中的客體，而且也伸張我們行爲中的和感情中的客體；它使我們不只是屬於一座和其餘一切相對立的圍城中的公民，而是使我們成爲宇宙的公民。在宇宙公民身分之中，有人的眞正自由和從狹隘的希望與恐怖的奴役中獲得的解放」。

5.2 哲學乃爲境界之學

　　哲學是什麼呢？行文至此，我們似乎可以給哲學下這樣一個大而無當但卻確實無疑的定義，即「哲學乃是關於境界之學」。我們已經看到西方哲學家至少羅素是從這樣的角度來看哲學的價值的。對於中國哲學而言，關於哲學這一定義更是恰當貼切的。

　　我們經常聽到過這樣的議論，說西方文化的核心是宗教，中國文化的核心是哲學。羅素說哲學是介乎神學與科學之間的，這一說法是針對著西方哲學說的。如果從中國哲學來看，這一說法應該說是不確切的，因爲中國哲學是中國文化的核心。

　　馮友蘭曾經討論過哲學在中國文化中的地位問題。爲什麼要討論這一問題呢？因爲世界上絕大多數的民族以宗教的觀念和活動爲生活中最重要、最迷人的部分，爲什麼中國人竟是個例外呢？經過研究，他指出，對超乎現實世界的追求是人類先天的欲望之一，中國人並不是例外。中國人也同樣有這樣的超道德的追求。但中國人對這樣的境界的追求不是透過宗教的途徑，而是借助於哲學達到超乎道德的境界。而且可以更進一步說，透過哲學所達到的境界要高於經過宗教所達到的境界。爲什麼呢？因爲宗教混雜著想像和迷信，不如哲學來得純粹，不如哲學的「潔淨空闊」。所以馮友蘭充滿信心地說道：「在未來的世界裡，人類將要以哲學代替宗教。這是與中國傳統相合的。人不一定是宗教的，但是他一定應當是哲學的。他一旦是

哲學的，他也就有了正是宗教的洪福。」

　　那麼在他的眼裡，哲學又是什麼呢？他說：「哲學就是對於人生的有系統的反思的思想。」所以哲學的功用不在於它能夠給人提供或增加積極的知識，如關於化學或物理或其他等等的科學方面的知識，它的功用在於提高心靈的境界，在於達到超乎現實世界的境界，獲得高於道德的價值。具體說，學習或研究哲學不會使你成爲化學家或物理學家或其他什麼的科學家這樣的專門人才，而是使你懂得人之所以爲人的道理，在於使你獲得人生的意義和價值。那麼所說的做人的道理、意義和價值的具體的涵義是什麼呢？馮友蘭認爲，哲學的目標就是要使人達到這樣的一種境界，在此境界之中，人與宇宙不是分離的，而是與宇宙及其中的萬事萬物合一的。

　　現在需要討論的問題就是，怎麼樣來達到這一境界？

　　在馮友蘭看來，所謂提高人的境界，就是使人成爲聖人。究竟怎麼樣才能使人成爲聖人呢？這就是馮友蘭的「新理學」哲學思想體系想要回答的問題。

　　成爲聖人的當然是人。馮友蘭指出，人的生活是「有覺解底生活」。所謂解就是了解；覺是自覺。了解必須依賴概念。自覺則是一種心理狀態，所以不必依賴概念。馮友蘭指出，有覺解是人生最突出的性質，也可以說是人生最重要的性質。因爲人生有覺解，所以人在宇宙間就自然具有了一種極其特殊的地位。宇宙間的事事物物本來是沒有意義的，但有人的覺解，那麼事物也就向人呈現出種種不同的意義。

　　人對於一事物的了解不同，這一事物就對人呈現不同的意義。人對於一事一物的了解有程度上的不同，深的了解可謂之勝解，最深的了解可謂之殊勝解。對於事物的最高程度的了

解，即完全的了解，在理論上或事實上是不可能的。然而我們總是追求對於事物了解得越多越好，事物也因此向我們所呈現的意義也就越豐富。

人之所以能有覺解，就是因為人是有心的。人有心，心就是「知覺靈明」。宇宙間有了人，有了人的心，即如黑暗中有了明燈。所以說：「人者，天地之心。」就存在方面說，人不過是宇宙萬物中的一物，人有心不過是宇宙萬物中的一事。但就覺解方面說，宇宙間有了人，有了人心，天地萬物便一時明白起來。因此可以說「人與天地參」。知覺靈明是人心的要素。人將其知覺靈明充分發揚光大，即是所謂「盡心」。

馮友蘭強調人對宇宙與社會的覺解，強調要深入的認識和把握宇宙的人生的內在規律，才能真正體現人生的價值和意義，突出了人的價值主體的地位，有益於人提高自身的精神境界。

根據人對宇宙人生的覺解程度的不同，因此也就構成了人生從低到高的不同的四種境界，即自然境界、功利境界、道德境界和天地境界。

自然境界中的人的行為是順著自己的才情，但他對於自己的行為的性質並沒有清楚的了解。這就是說，他不了解自己所做的事情的意義。就此方面說，他的境界是一個混沌。

功利境界中的人，其行為的目的是為利，是為他自己的利。在自然境界中的人，因為有為利的行為，但他並不自覺其在為利。但在功利境界中的人對自己的利有清楚的覺解，他自覺到自己行為的目的是為了自己的利。他甚至可以犧牲自己，但其最終目的仍然是為了自己的利。

道德境界中的人，其行為是「行義」。這樣的人認識到人必

須在社會中才能求得自己的發展，社會與個人並不是對立的。個人是離不開社會的，只有在社會中，人才能求得生存。於是，他就認識到，人的行為應該以貢獻為目的。

在天地境界中的人，其行為是事天。馮友蘭認為，在此境界中的人，在了解除了社會的全之外，還有宇宙的全。人必須在了解了宇宙的全之後，才有可能意識到自己不僅是社會的一員，而且是宇宙的一份子，不但對於社會要有貢獻，對於宇宙，人也應該有所貢獻。人不但在社會中要堂堂正正地做一個人，亦應該在宇宙中堂堂正正地做一個人。

馮友蘭認為，境界的高低完全取決於人的覺解的多少為標準。覺解多者，其境界高。覺解少者，其境界低。自然境界所需覺解最少，所以自然境界是最低的境界。天地境界，需要最多的覺解，所以天地境界是最高的境界。到了天地境界，人的覺解已發展至最高的程度。至此境界的人已盡其性，在此境界中的人可謂之聖人。

接下來的問題就是，人是如何成聖的呢？

在馮友蘭看來，這是一個極其簡單的問題。他的「新理學」的哲學思想體系就是向人們指引出一條入聖域的路徑。他這樣說道：「新理學中底幾個主要觀念，不能使人有積極底知識，亦不能使人有駕馭實際底能力。但理及氣的觀念，可使人遊心於『物之初』。道體及大全的觀念，可使人遊心於『有之全』。這些觀念，可以使人的境界不同於自然、功利，及道德諸境界。……在這種境界中底人，謂之聖人。哲學能使人成為聖人。這是哲學的無用之用。」

具體而言之，只有進入天地境界的人才有可能成為聖人。在天地境界中的人，其行為是事天。他們了解到除社會的全之

外，還有宇宙的全。人知道了有宇宙的大全之後，人之所以為人者才能得到儘量的發揮，始能盡性。他自覺到自己不僅是社會的一份子，而且還是宇宙大全的一份子。所以不但對於社會，人應有貢獻，對於宇宙，人也應做貢獻。「人有了此等進一步底覺解，則可從大全、理及道體的觀點，以看事物，從此等新的觀點以看事物，正如史賓諾莎所謂從永恆的形式的觀點，以看事物。人能從此種新的觀點以看事物，則一切事物對於他皆有一種新底意義。此種新意義，使人有一種新境界，此種新境界，即我們所謂天地境界。」

根據馮友蘭的看法，人所以可能進入天地境界，所以可能成為聖人，就是因為人可以具有理、氣、道體和大全這些哲學觀念。其中，大全這一觀念最為重要。所謂大全是說涵蓋了一切的有。大全也可以說就是宇宙。宇宙的概念在哲學上是無限的。人如果能夠從道、大全的概念來看事事物物，事事物物就會向他呈現不同於常人的意義。如此他就會自覺地認識到自己是宇宙的一份子，因此他就會從這一角度來做事做人。他因此即可以知天、事天、樂天，最後至於同天。同天境界是天地境界中的人的最高造詣。「人的肉體，七尺之軀，誠只是宇宙的一部分。人的心，雖亦是宇宙底一部分，但其思之所及，則不限於宇宙的一部分。人的心能作理智底總括，能將所有底有，總括思之。如此思即有宇宙或大全的觀念。由此思而知有大全。……自同於大全，不是物質上底一種變化，而是精神上底一種境界。所以自同於大全者，其肉體雖只是大全底一部分，其心雖亦只是大全底一部分，但在精神上他可以自同於大全。」

馮友蘭的境界說既然是建立在他的共相理論基礎上的，那麼他的境界說與中國傳統哲學思想中的境界說又有什麼樣的關

係呢？

　　可以肯定地說，馮友蘭的境界說與中國傳統哲學思想中的境界說已經有了很大的區別。因為很顯然，中國傳統哲學思想中的境界說沒有馮友蘭這樣的共相理論作為基礎。對此馮友蘭本人有著充分的自覺。他說：「中國需要現代化，哲學也需要現代化。現代化的中國哲學，並不是憑空創造一個新的中國哲學，那是不可能的。新的現代化的中國哲學，只能是用近代邏輯學的成就，分析中國傳統哲學中的概念，使那些似乎是含混不清的概念明確起來，這就是『接著講』與『照著講』的分別。」他認為，自己的哲學思想體系並不是照著中國傳統哲學講下來的，而是接著講。所謂「接著講」的意思是說，他自己的哲學問題就是中國傳統哲學中的老問題。但這些問題需要運用西方的邏輯學的方法使其明確起來，並給予充分的論證，由於是運用了西方近代以來的邏輯學的最新成就，所以他的哲學思想體系也就顯然地不同於傳統的中國哲學。他把西方近代以來的邏輯學看作是正的方法，並且指出這樣的正的方法是傳統的中國哲學所沒有的，所以我們要急於加以引進。由於馮友蘭的境界理論是以西方的邏輯學方法為其基礎，所以其理論要比傳統的中國哲學來得細密、謹嚴，但也似乎顯得迂闊、不著實際、過於空虛。然馮友蘭本人並不以迂闊、空虛、不著實際為病，相反卻以此為自己的哲學思想的特色。

　　在馮友蘭的哲學思想中，其方法是來自西方哲學的，而他的境界理論基本上仍然是繼承著中國傳統哲學的。馮友蘭在中國現代哲學上的貢獻是他能夠自覺地為中國傳統哲學的境界理論奠定方法論的基礎。把境界理論看作是哲學的核心內容是中國哲學的特色。如孟子云：「萬物皆備於我。」《莊子》曰：

「天地與我並生，萬物與我爲一。」張載在其《西銘》中說道：「乾程父，坤程母，余茲藐焉，乃渾然中處。故天地之塞，吾其體；天地之帥，吾其性。民吾同胞；物吾與也。」天爲父，地爲母，我是渺小，和萬物一樣，生於天地之間，所以充塞於天地之間的氣就構成我的身體；作爲天地之間的統帥的氣的本性就是我的本性。人民都是我是同胞，萬物都是我的同伴。張載不是從小我來看待天地及其萬物的。他的視角就是廣闊無限的宇宙。他說：「性者萬物之一源，非有我之得而私也。唯大人爲能盡其道。是故立必俱立，知必周知，愛必兼愛，成不獨成。」他所達到的境界就是天地境界。你聽他這樣說道：「爲天地立心，爲生民立命，爲往聖繼絕學，爲萬世開太平。」程顥也說道：「學者須先識仁。仁者渾然與物同體，義禮智信皆仁也。」此中所說的「仁」就是指的天地境界。這樣的語錄可以說在中國傳統哲學的典籍中是俯拾即是。此種傳統一直延續至中國現代哲學。中國現代哲學家都認爲，哲學或形上學講的都是境界之學。如熊十力說：「仁者本心也，即吾人與天地萬物所同具之本體也。」熊氏此處所說的「體」並不是離心而外在的本體，心就是本體，它可以顯現爲萬事萬物。宇宙本體不是超越於人類而獨立存在的，吾人眞性遍爲天地萬物本體，天地萬物之本體就是吾人眞性。可見，熊氏的本體論就是一種境界論。

同樣金岳霖也反覆強調，哲學的目標是達到與宇宙合一的最高的境界。他這樣說道：「中國哲學家都是不同程度的蘇格拉底式人物。其所以如此，是因爲倫理、政治、反思和認識集於哲學家一身，在他那裡知識和美德是不可分的一體。他的哲學要求他身體力行，他本人是實行他的哲學的工具。按照自己

的哲學信念生活，是他的哲學的一部分。他的事業就是繼續不斷地把自己修養到進於無我的純淨的境界，從而與宇宙合而爲一。這個修養過程顯然是不能中斷的，因爲一中斷意味著自我抬頭，失掉宇宙。因此，在認識上，他永遠在探索；在意願上，則永遠在行動或者試圖行動。這兩方面是不能分開的，所以在他身上你可以綜合起來看到他那本來意義的『哲學家』。他同蘇格拉底一樣，跟他的哲學不講辦公時間。他也不是深居簡出、端坐在生活以外的哲學家。在他那裡，哲學從來不是一個提供人們理解的觀念體系，它同時是哲學家內心中的一個信念體系，在極端情況下，甚至可以說是他的自傳。」在《論道》一書中，他又進一步論說道：「不道之道，各家所欲言而不能盡的道，國人對之油然而生景仰之心的道，萬事萬物之所不得不由、不得不依、不得不歸的道才是中國思想中最崇高的概念、最基本的原動力。對於這樣的道，我在哲學底立場上，用我這多少年所用的方法去研究它，我不見得能懂，也不見得能說得清楚，但在人事底立場上，我不能獨立於自己，情感難免以役於這樣的道爲安，我底思想也難免以達於這樣的道爲得。」金岳霖所謂的「道」是本體，是智慧，也是境界。

黑格爾對哲學的價值有一段精彩的概括：

　　　一個國家沒有哲學，就像一座雄偉壯觀的廟中沒有神像一樣，空空蕩蕩，徒有其表，因爲它沒有可信仰的東西，可尊敬的東西。

哲學是什麼呢？我們在本書的開頭部分曾經說過，哲學就是愛智慧，是對智慧的不懈的追求。智慧是神的，是超越的，是無限的。我們追求智慧就是企圖從一個無限的角度來觀照我

們有限的生活，尋求生活的意義或價值，重塑我們的靈魂，提
升我們的境界，使我們得到幸福美滿的生活。

後　記

在生活中，有的事情確實是不能避免的，比如吃飯、穿衣、看書、講課等等，或者說你想迴避也迴避不了。因此唯一能夠做的就是常常想著如何盡力去把它們做好。

但有的事情似乎並不如此，所以它們也就常常地不會進入我的思考或計畫之中。

這似乎就是生活中的邏輯。但生活本身並不是邏輯，所以邏輯也並不能規範我的生活。如果生活完全按照邏輯的規則演繹，固然是秩序井然、有條有理、有效率，但有一點是肯定的，即這樣的生活是索然無味，沒有任何意義，也引不起人的興致。這樣的刻板的生活，沒有人願意過。

當然生活也不能沒有秩序。無章可循的生活，雖然時時處處會出現些使人頗感興趣的插曲，但它著實令人感到可怕、恐懼，沒有效率，所以令人討厭。

我想最好的生活應該是夾於有邏輯和沒有邏輯之間。遵守邏輯固然是一種秩序，沒有邏輯也未見得沒有秩序，因為無序也是一種秩序。既有序又無序的生活應該是最佳的生活方式。生活有序，我們可以按部就班，遵章行事，很有效率；生活無序，往往會出現些意想不到的事情，對於自己而言，應付它們就是一種挑戰，一種超越。在很大部分時間內，我們都願意接受挑戰。

於是，結果也就是不得不在生活中去考慮那些原來並不曾注意到或原來沒有計畫要做的那些事情。我接受寫作《哲學是

什麼》就是這樣的一件事情。我習慣於做些小的題目的文章，原因是因為感覺到自己才識有限，所以我雖然學習研究哲學多年，但從未考慮過有朝一日要寫《哲學是什麼》的普及性讀物。但由於北京大學出版社楊書瀾女士的邀請，我沒有多加思考，也就半推半就地接受下來。這是因為我開始還真沒有考慮到這一任務的艱鉅，認為寫普及性讀物雖然不能說容易，但也不能說是一件十分艱鉅的任務。因為自己畢竟是學習哲學的，雖然沒有形成自己的系統的哲學思想，但隨感還是有的嘛。所以還是比較自信。

然而隨著時日的消逝，當我不得不動筆寫作時，我才真正感覺到了寫作《哲學是什麼》一書的困難和艱鉅，而且簡直是苦不堪言。說實在話，當時我真想打退堂鼓，找個什麼理由，一推了事。但既然已經承諾，就得硬著頭皮寫下去，因為一諾千金，人不能不講誠信。

不管怎麼樣，書是寫完了，它就是擺在讀者面前的這本小冊子《哲學是什麼》。到底寫得怎麼樣，只有讓讀者去評價。對於我個人而言，畢竟是完成了一件大事，也終於可以舒一口氣了。

這本書沒有按照教科書的寫法來寫。這樣做的理由是，現在關於哲學的教科書已有不少，而且有的寫得相當的不錯。我自嘆趕不上他們，因此大可不必在這些關於哲學教科書之外再增加一本。既然不是按照教科書的寫法來要求自己，所以也就沒有必要面面俱到，所要做的就是緊緊圍繞「哲學是什麼」這樣的主題來寫，討論些主要的哲學問題及我對這些問題的一些不成熟的想法。而且對這些問題的討論也是採取較為自由的討論和敘述的方式。

　　此書從策劃、醞釀到收集材料、寫作、修改、定稿和編輯的整個過程都凝聚著楊書瀾女士的不少心血,她提出了許多很有價值的建議和修改意見。可以說,沒有她的鼓勵、支持、理解和那些具有建設性的修改意見和建議,我是絕不可能完成此書的撰寫的。

　　現在我的感覺是自己很不能夠勝任寫作《哲學是什麼》這樣的通俗的書籍。因此書中的不足乃至錯誤之處定當不少,真誠地希望讀者朋友多多地加以批判指正。學習哲學就是一種對話,我真誠地希望透過《哲學是什麼》這一本小冊子與讀者朋友建立起相互學習、相互理解、共同前進的學術性的良好關係。

胡　軍

2002年4月29日於藍旗營寓所

人文社會科學叢書 8

哲學是什麼

著　　者／胡軍

出　版　者／揚智文化事業股份有限公司

發　行　人／葉忠賢

總　編　輯／林新倫

登　記　證／局版北市業字第1117號

地　　址／台北市新生南路三段88號5樓之6

電　　話／(02)2366-0309

傳　　真／(02)2366-0310

網　　址／http://www.ycrc.com.tw

E - m a i l ／book3@ycrc.com.tw

郵撥帳號／14534976

戶　　名／揚智文化事業股份有限公司

法律顧問／北辰著作權事務所　蕭雄淋律師

印　　刷／鼎易印刷事業股份有限公司

I S B N／957-818-450-6

初版一刷／2002年12月

定　　價／新台幣300元

國家圖書館出版品預行編目資料

哲學是什麼 = What is philosophy? / 胡軍著.
-- 初版. -- 臺北市：揚智文化，2002[民
91]
　　面： 公分. --（人文社會科學叢書：8）

ISBN 957-818-450-6（平裝）

1.哲學

100　　　　　　　　　　　　91017606